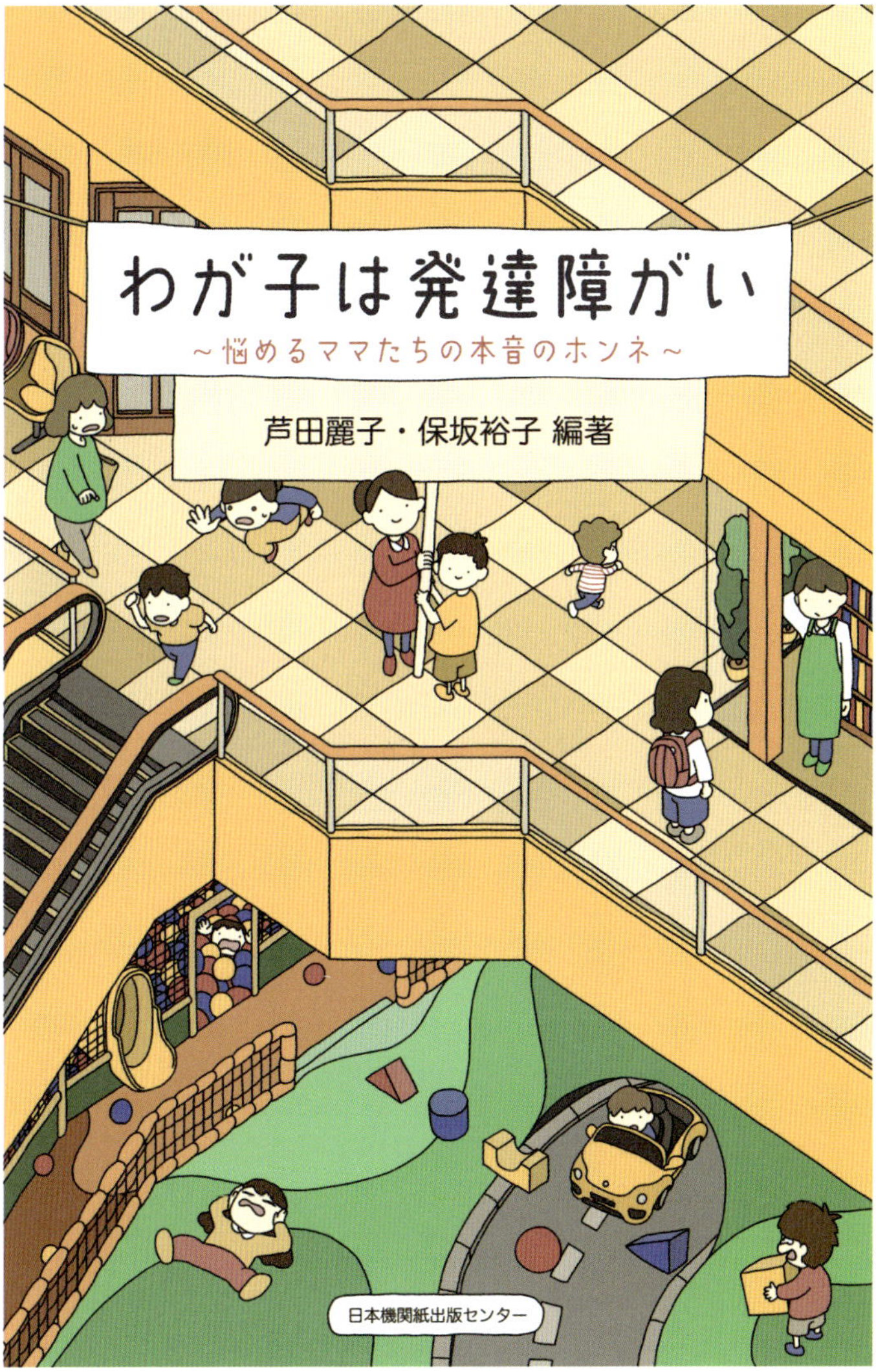
わが子は発達障がい
～悩めるママたちの本音のホンネ～
芦田麗子・保坂裕子 編著
日本機関紙出版センター

はじめに

2004年に発達障がいのある人の早期発見と支援を目的にした発達障害者支援法が制定され、2010年の児童福祉法改正により、障がい児の定義に「精神に障害のある児童」(発達障害児を含む)が追加されました。これらの法律が示すように発達障がい児者に支援が必要であることは国も認めています。

2022年の文部科学省「通常の学級に在籍する発達障害のある特別な教育的支援を必要とする児童生徒に関する調査結果について」によると、全国の公立小中高校の通常学級に在籍する児童生徒8万8516人のうち、学級担任等が回答した内容から、「知的発達に遅れはないものの学習面または行動面で著しい困難を示す」とされた小・中学生の割合は、前回2012年の調査より2・3ポイント増え8・8%です。彼・彼女たちに対する特別な教育的支援について、小中学校は「必要と判断されている28・7%」「必要と判断されていない70・6%」という結果が明らかにされています。学習面または行動面で著しい困難を示しているにも関わらず、教育的支援が必要でないと判断される子どもたちが多いという この結果は、現実的課題解決が喫緊であることを示しています。

発達障がい傾向にある子どもたちは、大人たちが戸惑っている間にも、どんどん成長していきます。支援が得られず困っているのは、子どもたちはもちろん、その家族もです。ただし、いったいどのような支援が必要であるのかについても、まだあまりわかっていないのが現状です。そのため、子育てのリアルに寄り添いながら、どのような困りごとがあるか、どのような支援が求められているのかについて、丁寧に、かつ迅速に検討する必要があります。

2022年8月および9月の2回、大阪府内某所にて、発達障がいのある子どもを育てる4人のママたちに集まっていただき芦田、保坂がファシリテーターとなり座談会を開催しました。そこで、発達障がいのある子どもを育てることについて、嬉しいこと、しんどいこと、あったら良いと思う支援などについて話をしていただきました。

本書はその録音を文字起こしした上で、内容によって第1章から第3章に分類しています。ママたちにはその内容を確認していただいた後、2024年1月にもう一度集まって言い足りなかったことを語っていただき、第4章にまとめています。

本書で発達障がいのある子どもを育てるママたちのリアルな声を届けていくことで、子育てを社会的責任として引き受けるこれからの子育て社会を展望していきたいと思います。

なお、この調査は、兵庫県立大学の研究倫理委員会の承認を得ています。

芦田麗子
保坂裕子

目次

〈目　次〉　わが子は発達障がい――悩めるママたちの本音のホンネ――

第2章 ママの想い 81

登場人物紹介

今回参加いただいた4名のお母さんたちは、現在同じ市内在住で、発達障がい[1]の子どもを育てる「親の会」で出会った方々です。なお、氏名は仮名とし、年齢などは1回目の座談会当時のものです。

①小川こはるさん（40歳代後半）

子ども：すみれ（14歳）ASD[2]・ADHD[3]・LD[4]、ひまり（13歳）ASD・ADHD・LD。

ボランティアのスクールサポーターとして、市内の公立小学校で子どもたちに関わっている。親としてのみでなく、小学校での「しんどい子たち」の様子も語ってくれている。

〈コメント〉

大変なこともあるけれど、子どもたちにはいいところもたくさんあるし、伸ばせるところはたくさんあって、しかも一生懸命生きてくれている。私たち親も、悲観的になってばかりじゃなくて、子どもたちのいいところ、不思議なところを観察しながら、悩んだり笑ったり、楽しんで子育てしていってもいいんじゃないかなと思う。どんな子であっても、その子は決して恥ずかしい存在なんかじゃない。誇りを持って、育児を楽しんでいい！　困った時には周りを頼るのだって恥ずかしいことなんかじゃない！

〈告知について〉

勝手に気づきました。だって、家に本が並べてあって、ビデオがいっぱい録画してあって、親がずっとその話をしていて、勉強しているから。小3の時に上のすみれが「私って発達障がいなの？」って聞いてきたので、「発達障がいだよ。でも、いいところもたくさんあるじゃない？　だから大丈夫。ママ見てみなよ。発達障がいあるけど、生きてるでしょう？」って言ったら、「そうだね」って。翌年は「私って自閉症なの？」って言われて、グレードアップしたな、やばい、これはごまかせないと思って「自閉症です」って言った。「でも、自閉症もスペクトラムで、しんどい人は言葉も話せない。そうじゃない子はコミュニケーション下手だけれどできることもある。良いところ、できることとできないことがあるのはみんな同じだから、あなたができるところは他の人を助けてあげればいいし、逆にあなたが困っているんだったら、手伝ってもらったらいいから気にすることないよ」って言ったら、「そだね」って。

以前、すみれが私の本を読んでいて、「私の悩みがこれを読んだら解決するような気がする」って言っていて、彼女の中に違和感はずっとあった。結局、自閉症なのかって話が出た時に「診断は受けていて、あなたにはＡＤＨＤもＬＤもあります」って伝えたら、「そうか、名前がつくと結構しんどいわ」って言って、やっぱりそういうもんなんだって思った。この間、このことについて聞いたら、「しんどいって言ったけど、そこでおしまい」って。「障がい含めて私なんだから」って。逆に、下のひまりの方がいつまで経っても「私も発達障がいなんでしょ」って言ってる。「お姉ちゃんと同じで三つとも持ってるんだよ」って伝えた時は、「死にたくなっちゃう。辛い、辛い。生きるのが辛い」っていうから、「ママはあなたのこと産まないほうがよかったのかな?」って言ったら、「それとこれは違います」って。どう違うんだろう。生きるのは辛い。その辛さが表現できないというのが、また辛いだろうなって思う。

合理的に受け入れるタイプの人と、感情的に受け入れるタイプの人で、反応がとても違う。ひまりは塗り絵が得意だし、すみれからしてみたらうらやましい才能でも、ひまりの中では納得できるものではないんですよ。自分が欲しいものではないから。そこをほめられても決して自己肯定感が上がらない。「だからなに?」って感じ。数学のテストで100点とっても全然、自己肯定感の向上につながらない。動物とか生きているものを触って愛されているっていう感情の方がひまりには必要なんだと思います。承認欲求が先。まず必要とされているという気持ち。

②平井陽子さん（40歳代後半）

子ども：海斗（18歳）ＡＤＨＤ・ＡＳＤ二次障害、陸斗（11歳）ＡＳＤ・ＬＤ、悠斗（9歳）ＡＤＨＤ。

〈**コメント**〉

発達障がいの子どもたちを育てている親はいつも全力です。全力で子どもたちと向き合っているのでしんどくなることがよくあります。そんな全力で頑張っているお父さんお母さんの心を少しでも和らげることができればという思いです。

〈**告知について**〉

うちはステップファミリーで、長男の海斗が夫の連れ子です。一緒に住み始めたのは小学校1年生。もう住んだ瞬間から「この子は何か違う」とすぐ感じました。何か違うと思ったけど、夫の家の人は誰も思っていません。言ったことはやらないし、「本当に人の話、聞いてた？」という感じで忘れるし、ひどかったですね。

海斗は、6年生の時に私と随分関係性が悪くなった状態で中学校に入学しました。学校が自分の唯一の輝ける場所だったのに、そこでクラブの先生から叱責を受け解離[5]に至ったんですよね。解離になって「さすがにこれはまずい」と病院に行き、中学校1年生の時にようやく検査を受けました。「検査結果は知りたい」と本人が言っていたので、「ＡＤＨＤが出ました」とはっきり伝えました。その解離の症状も全部自分で分かっているので、受け入れは完全にできてないとは思うけど、知識として自分はADHDだということは理解しています。でも、それをいいように使っているように私には思える。家では言われたことをしないことも「自分はワーキングメモリーが低いから忘れるのは仕方ない」とか、解離もしているようには見えないけど「自分にはその時の記憶がない」とすぐに言うし、「診断を伝えてよかったのか？」と思いました。

陸斗は兄弟で一番最初に発達障がいという診断を受けたので、2歳でわかった時点で、海斗には「陸斗は発達障がいです」と伝えました。海斗が4年生だったんですけど、発達障がいの説明をして、それ以降もずっと発達障がいという言葉はわが家で普通に出てくるフレーズで、同時に悠斗も知らない間にずっと耳にしていて。自閉症とかADHDとか詳しいことはわかっていないかもしれないけど、もうなんとなく、自分たちはみんな発達障がいなんだという感じで。陸斗が2年生の頃に「僕って発達障がいなんだよね」と聞かれたから「そうだよ」と言って、発達障がいの説明はしましたね。その時に「どう思った？」と聞いたら「ちょっと嫌だった」と言っています。でも、心理士さんにも言われるんですが、2歳から支援を受けているので支援を受け入れやすい態勢になっている。だから、発達障がいと共に生きるという感じで違和感ないですよね。

悠斗は今4年生になって、自分は発達障がいというのはわかっていて、でも僕の方が陸斗よりはできるということを理解して、「僕が陸斗を見てあげないとね」というふうに育ってきています。幼稚園では加配を付け小学校からは支援学級に入って、いろいろできるようになってきたから「そろそろ抜けたら？」と話しています。でもまだ不安らしくて「支援学級は抜けたくないけど、支援学級だって言われるのは嫌だ」と言い始めています。発達障がいと言われることに対して、嫌なイメージは持っているのかなという感じですかね。

③松本りか子さん（40歳代後半）

子ども：りお（17歳）ＡＳＤ（ほぼグレー）、ゆな（13歳）ＡＳＤ＋軽度知的障害。①の小川さん同様、スクールサポーターをされています。

〈**コメント**〉

なぜ私のもとに発達障がいの子が来てしまったんだろうと、何度も思いました。何度も悲観しました。でも、かわいいわが子には変わりない。そんなしんどさや葛藤、だからこそ味わえるうれしさ楽しさがあるということをお伝えできればと思います。頑張っているお父さん、お母さんの気づきや励みになっていただけると嬉しいです。

〈**告知について**〉

姉のりおには、発達障がいのことは言っていませんが、気づいていると思います。「自分は何か人と違う」ということは小学校高学年の時から思っていたようで、「普通」に近づけようとしています。特性上、対人コミュニケーションに偏りがあるので、友達と話をしていても、うまく言葉が出て来なかったり、表現が適切でなかったりします。みんなと楽しく話をしたいけど、話の内容が全然違う話題に飛んでしまったりして、友達に「え？」という顔をされると、「しまった」と思いますが、何が良くなかったのかわからず、人付き合いがしんどくなってしまいました。

次女のゆなは、成長がりおと比べてとても遅かったので、発達に課題があることは2歳あたりからわかっていました。今は支援級に在籍していますが、発達障がいがあることは告知していません。でも中学では支援学級に在籍することを本人に伝えないといけないので、「苦手なことが多いから、助けてもらうために支援学級に入る」と伝えています。「人よりも生まれつき苦手なことが多いから」と診断名は言っていませんが、そういう風に伝えました。

ゆなは、記憶と推測する能力が格段に弱くて、暗黙の了解や人や物の名前が覚えられません。いつも会う友達、先生にも毎回「すみません、お名前教えてください」と言っています。「私も普通に覚えられたら良かったけど、仕方ないよね。苦手なんだもん」と受け入れている様子です。自分の得意なことを知ることは必要だと思いますけど、苦手なことを受け入れて「助けて欲しい」と伝えられるのも大切なスキルだなと思います。
ゆなにはこれからどう告知していくのか、いつまでも「苦手だから」では通らないので、それは私にとって大きな課題ですね。

④山本和子さん（40歳代後半）

子ども：蓮（14歳）ＡＳＤ、湊（12歳）軽度知的障がい。

〈コメント〉

特性のある子どもたちのいる家族の日常を知ってもらえたらと思います。大変なこともありますが、楽しいこともたくさんあります！　私は、当事者家族の方々と出会い、さまざまな家族の日常を知ることができました。悩んでいるのはひとりじゃないこと、理解してくれる方々がいることがわかり、それが子育ての励みになりました。家族が前向きになれるようなものになればと思います。

〈告知について〉

兄の蓮は、2歳ごろから言葉の遅れ、コミュニケーションの取りづらさや、こだわりがあって、5歳の時にＡＳＤの診断がつきました。それから小学校入学で支援学級に在籍。在籍していると支援学級の連絡ノートや行事があるから、周りとの違いに気づくかなと思って、告知的なことは、その時にしようと考えていました。でも、大きな困りごともなく過ごせていたので、気づかずで。こちらから、直接その診断名を伝えず、この先の進路のこともあるので、なぜ支援学級に在籍しているのかは説明しました。小さい時に、言葉を話すのが遅かったことで、お友達と仲良くできるのかとか、勉強のことも心配だったこと、みんな、得意なこと苦手なことがあって、苦手な部分は、学校の先生に助けてもらえるように支援学級にいるよと伝えました。蓮も助けてもらえるなら支援学級にいた方がいいね！となって、6年間は支援学級に在籍していました。中学生になる時は、自分で頑張ってみると支援学級を離れて普通学級に在籍です。診断がついた時は、不安、心配なこともたくさんあったけど、大きな困りごともなく過ごしてきました。この障がいは治るものではないけど、周りの環境が本人に合えば、特性が目立たなくなるなと感じます。今だったら、診断はつかないだろうなと思います。

弟の湊は、兄と同じで言葉の遅れもあったので、きっとそうだろうなと思いながら、3歳半検診で病院の受診と療育を勧められました。幼稚園では、加配あり、小学校では6年間支援学級在籍です。告知は特にしていません。湊は、4年生ごろまで学校への行き渋りがあって、本人なりに考えることがあったのか、親が録画している不登校や発達障がいの番組を見て、同じ立場の子どもたちが登場するから、自分も同じかもと気づいた感じです。中学校からは、支援学校を選択しました。勉強よりも、自立して生活していけるスキルを身につけてほしかったのと、高等部卒業後の就労にも手厚いかなと思い選択しました。支援学校に通うことは、告知も兼ねているかなと思います。自分の得意なことを見つけて、苦手なことも知ることができる場所だと思います。知的障がいがあると、告知って難しいなと思います。どう説明するのか、悩むところです。

⑤芦田麗子　専門・子ども家庭福祉
⑥保坂裕子　専門・生涯発達心理学

1　発達障がい：発達障がいは、学習障がい、自閉症スペクトラム障がい、注意欠陥多動性障がいなど、脳機能の発達に関係する障がいの総称。生物学的基盤を決定する遺伝子が、ヒトのもつ特定の分子特徴を定義し、さらにそれら分子は神経細胞の働きを制御する。発達障がいでは、ある遺伝子特徴を欠損しているために、抑制細胞と光文細胞のバランスが崩れて臨界期の辞意が通常よりずれるという特徴が考えられ、その結果として脳の構造（形状）異常が起こると考えられている。さらにはシナプスの異常な働きにより、非典型的な神経回路を形成する。ただし、分子、細胞の性質を決める遺伝子がすべてを決定するわけではなく、環境要因はその後の遺伝子発現を左右するため、環境、経験的な要因も重要であるとされている。（田島信元・岩立志津夫・長崎勤（編）（２０１６）『新・発達心理学ハンドブック』福村出版参照）

2　ASD（autism spectrum disorder）：自閉症スペクトラム障がい。自閉症スペクトラムは、自閉症を重度から軽度まで、スペクトラム上にさまざまな自閉症が連続体として存在するという考え方から命名された包括的な概念。DSM－V

(Diagnostic and statistical manual of mental disorders-5) から使用されるようになった。「文脈にあった社会的コミュニケーションおよび社会的相互作用の生涯にわたる障害」および「行動、興味、活動の現局され、反復的常同的なパターン」が診断基準とされる。(『新・発達心理学ハンドブック』参照)

3 ADHD (attention deficit/ hyperactivity disorder)：注意欠陥・多動性障がい／注意欠陥・多動症)。発達水準からみて不相応に注意を維持させることが困難であったり、順序立てて行動することが苦手であったり、落ち着きがない、待てない、行動の抑制が困難であるなどといった特徴が持続的に認められ、そのために日常生活に困難が起こっている状態。(国立精神・神経医療研究センター https://www.ncnp.go.jp/hospital/patient/rinshoshinri/rinshoshinri_blog20220228-1.html)

4 LD (learning disabilities)：学習障がい。基本的には全般的な知的発達に遅れはないが、聞く・話す・読む・書く・計算するまたは推論する能力のうち特定のものの習得と使用に著しい困難を示す様々な状態。その原因として、中核神経系に何らかの機能障害があると推定されているが、視覚障害・聴覚障害・知的障害・情緒障害及び環境の要因が直接の原因とはなっていない。特定の基礎的教科学習の困難、個人内の能力の著しい差異として発現する。(『新・発達心理学ハンドブック』参照)

5 解離：意識や記憶などに関する感覚をまとめる能力が一時的に失われた状態。思考、記憶、環境、行動、アイデンティティが分離し、つながりが失われること。健忘、遁走、人格交代現象などが示される。日常生活に支障をきたすような状態になると、「解離性障害」と診断される。原因については十分に解明されていないものの、ストレスや心的外傷が関係していると考えられている。(『新・発達心理学ハンドブック』参照)

第1章

発達障がいの子どもあるある

恐竜が現代にタイムスリップしたらどうなるかを描いた（湊　小3）

第1章では発達障がいのある子どもによくみられる特性についての話をまとめていきます。

1．子どもが生まれた時のこと

芦田麗子　「子育てちょっとしんどいな」とか、「なんか他と違うな」とか、ありますか？

小川こはる　生まれた瞬間から違ったと思う。

芦田　どのポイントでこう生まれた時に違うって思ったの？

小川　生まれるでしょう。で、部屋に連れてこられて。親って、結構ある程度「うちの子だ！」とか「可愛いのかな」とか、期待してると思うんですよ。でも全然可愛くない。しれーってしてる。

皆　（笑）

芦田　しれっとした新生児??

小川　なんか、おじいちゃんとかおばあちゃんみたいな感じで。達観してるというか？

芦田　他の赤ちゃんと比較してそう思ったの？

小川　いいえ、「あれ？　赤ちゃんってこんなにしれっとして、親が必要とされてる感じがしない？」みたいな。

芦田　どうですか？　みなさんは？　私は自分が子どもを生んでいないので。
小川　愛情でのやりとりを向こうが要求してきてない感じがするの。だから、「ご飯ちょうだい」とか「抱っこしてほしい」とか「これが不愉快」とかも機能的というか。
平井陽子　うちは生まれて、４日間病院にいたけど４日間ほぼ寝なかった。今となったら、「発達障がいの子にそういう傾向がある」っていうけど、その時はそのことを知らないから気づいてない。
小川　生まれたての時は、親だって特性のことなんて知らない場合の方が多いもんね。私はなんか距離があるって思って。計画的に生んだから可愛いと思えないのかなって、自分を責めたのね。
芦田　計画的に生んだって、別にみんなそんなもんじゃないの？
小川　もうちょっと遊んでたかったけど、年齢的なこと考えた。
芦田　産んだ時はいくつ？
小川　32歳。次の子を35歳までに産まなきゃと思って産んだんだけど、「子どもが生まれたらもう自分の好きなこと何もできへんな」って思っているところがあって。だから感情移入できないのかなって思っているところもあった。ずっと、すみれをしらけた子だなって、抱っこしていても、何していてもしらっとした感じで、求められてる感じがしない。なんでなんだろう。私のせいなの？って。

芦田 2人目のひまりちゃんの時はどうだった？

小川 ひまりはもう生まれた時から、カンガルー抱っこもさせてもらったし、もう可愛くて可愛くてしょうがなかった。「おっぱいちょうだい！ ちょうだい！」がすごいの。抱きついてきて。おっぱい飲みたいのに羊水が喉につまってゲボッて吐いているのに、必死に生きようとするのが伝わってきて、すごく可愛かったね。

松本りか子 今にも通じているみたいやな。

小川 今にも通じている気がするやろ。ひまりと違ってすみれは、「私、合理的ですから泣きませんよ」みたいな。それでお乳とか飲むのがすごく下手だったから母乳はすぐ止まっちゃったし、接触を求められてない。そんなもんなの？ってすごく不安で。第一子だから比較しようながいし。産院でたった1人の女の子だったのね。男の子はすごく泣いて、ティラノサウルスみたいな感じの状態なのに、うちの子だけしらってしているんだよね。泣いていても、ちょっと違う。でも受け入れるんだよね。親って不思議だよね。それがうちの子だし、この子はこういう子なのだろうと思って「可愛いわ」って1週間後に思うようになって、連れて帰って世話するんだけれども、ひまりが生まれた時、全然違うと思った。こんなに可愛げがあるんだと思って。

芦田　ひまりちゃんが生まれるまではすみれちゃんしかわからないでしょ。その時はでもずっとそういう違和感は覚えたまま？

小川　最初の、そのしらっとしたので慣れてしまったので、こんなもんやろって。普通に寝返りも打ったし、まあ、ちょっと人見知り激しかったし、歩くのサボるとかはあったけど、1歳半まではようわからん状態で来たかな。2人目ができてはっきり「違う」みたいな。赤ちゃんってこんな必死に生きるんだねって初めて感じた。お母さんが来たらちゃんと、目が見えてないような状態でも、やっぱり「お母さん来た」って感じで、ちょっと動いてみたりするけど、すみれはしなかった。

皆　（笑）

山本和子　生まれた時は、そんな感じじゃなくて。普通に可愛かった。可愛いなと思って育てた。1人目で、比較する子どもが周りにいなかったから、発達的には順番にはちゃんと進んでいると思っていた。1歳半検診の時に、初めてで「どんなことするのかな？」って、りんごどれ？みたいなかんじで、指差しをさせるのがあって、蓮が全くできなくて、「どういうこと？」と思って、「これをやるってことは、他のみんなはできるってこと？」ってわかった時は、あせった。成長の過程で自然にできることだけど、教えないといけなかったの？こんな小さい子にとか、子育ての過程で何か足りてなくて、自分がちゃんとできてない部分があったのかなと思ってしまって。できないってことはどういうことなんやろうって考え始めて調べると、発達障がいに繋がっていて、「もしかしたら」とか思いながら、1歳半、3歳児検診は様子見になって、でもやっぱり気になるから、5歳ぐらいに診断受けた。検診や比較する対象があらわれてくると、違いがわかってくる。でも、普通の時もあるし、変な時もあるしで、診断受けるまでは、どっちなの状態が続く。

松本　わかる、わかる。

2．「誰でもわかるだろう」と思うことが「わからない」

保坂裕子　診断が出る時って、「こうしたらいいですよ」とかのアドバイスはもらえます？「こういう症状なのでこうです」っていう説明だけですか？

山本　病院の先生から診断を受けた時に、「家で例えばどんな困りごとがある？」と聞かれて、「こういう風にやってあげたらいいよ」とアドバイスはあった。話をしても伝わらないことがあって、どう言ってあげればいいのか？と悩んでいたから、勉強になったなあ。家でも試しにやってみたら、うまくいくこともあって、やっぱりコミュニケーションがうまくとれなかったのは、私たちの伝え方が良くなかった。

小川　なんていう見本的な親御さん！　すごい！　自分を見直すっていう。素晴らしい。

山本　今まで「そこまで言わなくても、誰でもわかるでしょ」と思っていたことが、実はめちゃくちゃ詳しく言わないと、わからないっていうことがある。

保坂　具体的にこういうのがわからなかったという例とか覚えていますか？

山本　「そこにあるものをとってきて」って言っても、伝わらない。だから、ものがある場所を具体的に、机の上のどこらへんにあるものを取ってきてみたいな感じで、結構詳しく伝える。１個ずつ丁寧に、文を短くして「机があって」で、「机の上の右側」みたいな感じで伝える。

松本　「あれとって」って言った時に、指をさした方を見ないでしょう？

山本　私が見てほしい場所を、見ない。

平井　「あれってどこ？」「あれってどこ？」って視線がずれている。指先を見てくれない。今でもそんなことあるけど。

松本　「この机の上」って言ったら、自分の部屋の机の上とか見に行く。

小川　そうそうそう！　今ここ指したよねって思うよね。

松本　その子が思う机のところに行っちゃう。

山本　見ている位置が全然違う。

平井　そう全然違う。

小川　発達段階からしたら、一緒に見るっていう段階ができていないから。これさして、指から、てんてんてんてんてんてんて、空中をなぞって見せないといけない。
山本　目に見えて、わかるように説明しないとわからないから。
松本　指さし棒とかいいかもね。
小川　欲しい！
芦田　こう指さして、こうやって目線を追うようにしたら、見るのは見るの？
小川　そこまでしなきゃ見えない。
保坂　指示語で「それ」とか「あれ」とかっていうのは難しい？
平井　難しい。でも、子どもは指示語使って話してくるよね。
小川　指示語でしか話してくれないから、わかりにくい。
平井　言葉が出ないよね。
山本　そう出ないね。
保坂　言葉が出ないで会話するんですか？
小川　子どもの頭の中では「あれ」「それ」「これ」で成立しているから、「あれ」「これ」「それ」って言うんだけど、私には君の頭の中は見えないからねっていつも思っていた。
平井　本当はそれで受け取っちゃダメなんだけど、私がわかるから受けとっちゃう。

山本　学校とかだとやっぱり指示語で。

小川　あれじゃわからんよね。

保坂　指示とか、指さしとかで気づいたんですか？

山本　そうですね。周りが成長の過程で自然と身につけるものを、あえて教えて、身につけさせなくちゃいけない。

3．ステップファミリーのケース

小川　平井さん、結婚する前に何度か海斗君と会っているんでしょう？　その時には？

平井　結婚前に海斗がうちの家に来た時、知らない家に来たらその年齢ではお行儀良くするはずなのに、ソファーの上で飛び跳ねているのを見て、うちの親は疑問に思ったらしい。私は住んだ瞬間から疑問に思っていたけど、夫の家の人が思ってないから言えなくて。私はずっと悶々としていたわ。それで腹立てて、イライラして。

保坂　イライラっていうのはその子の態度にイライラした？

平井　何を言っても聞かない。聞いているようで聞いていなくて、理解していないのにわかったふりをしている。忘れ物も多くて届けてもそれが当たり前で、まるで忘れ物など無かったかの様に振る舞うんです。一緒に住み始めて2カ月ぐらいで、陸斗を妊娠してからも、海斗に対してのイライラは続いていて、生まれてからは赤ちゃんの陸斗が中心になっていきました。陸斗はほぼ毎晩ギャン泣きで夫が夜中に抱っこして2、3時間家の中を歩く毎日で。陸斗の障がいに気づいたのは1歳3カ月ぐらい。言葉を全然発しなかった。遊んでいても一切関わらせてくれない。いわゆる、典型的な発達障がい。おかしいって思い始めて検索して発達障がいだなと自分の中で認識して。

私、その時に住んでいたのはここじゃないんですね。こっちで里帰り出産してその後自宅に戻ったんですけど、その県はずっと保健師さんとの交流があって、1カ月ごとに、地域の子ども支援センターみたいなところで体重測定してくれるんです。毎月行って見てもらえるので、ずっと保健師さんに相談していたんですけど、その頃に次の子を妊娠して。保健師さんも絶対に気づいていたと思うんですが、「ちょっと待とうね」って言われて。私にとってはの2人目が生まれて、ようやく大きな病院に紹介状書いてもらえました。すぐに大学病院に行って、2歳になった月に診察と、耳の検査と脳波の検査をしてもらったんですけど、見た時にすぐ発達障がいの傾向があると言われました。2歳なので確定した診断は出なくて、傾向ですって言われました。でも、そこからすぐ療育って話になって、その県に唯一あったところを紹介してもらい車で片道40分ぐらいかけて行って、いろんな会話の仕方とか見てもらいました。下の悠斗はおばあちゃんに預けて。

小川　親子教室みたいな感じ？

平井　親子教室じゃないけど、一緒に行って、先生が相手すると、私とは絶対に笑わないねんけど、先生とはケラケラケラケラケラ笑う。

小川　へ〜！。

松本　やり方やなぁ。

平井　それを見ながらやり方を学ぶみたいな感じで。別の先生が見てくれている間に、その先生と話をして、ポーテージプログラム[1]を教えてもらって。

小川　やっぱり見ないと、わかんないよね。

平井　それが大きかったよね。それまでは保健師さんに、喋らない子に対して、とにかく話しかけるように言われた。２歳になっても喋らない子だったんで。でも延々と喋りかけて、喋りかけても断られ続けたね。

小川　そうだねぇ。

平井　その頃は陸斗に必死で、海斗についてはそっちのけやった。でもイライラだけは募って。保健師さんが陸斗は発達に課題があることをわかっていたから、１歳半も３歳児健診もできなくてもその場で何か言われることはなかった。悠斗は１歳半健診をスルーだったけど、2歳になる前からおかしいって感じていて。陸斗がいるから親のカンというか。悠斗が2歳の時にこっちへ戻ってきて、3歳児健診は受けたけど、一切待てず文句を言って走り回ってじっとしていられなかった。

小川 でも言葉出てたんやな。

平井 悠斗は言葉が出ていたので、そこまで陸斗ほど大変さはなくて。陸斗に比べても寝ていたし、夜泣きはあったけど、比べれば全然楽で。でもなんか変だよなっていう。1歳ぐらいの時に、癇癪がすごくて、普通じゃなくて。だから、そこで気づいた感じ。もう自分の中の経験でそう感じた。自分よりちっちゃい子が前にいても邪魔だからってボーンって押し倒すんです。避けないし、「どいて」とか言わないし。

小川 モノやもんな、邪魔やったらな。

芦田 でもそれは教えてくれたの?

平井 あとで聞けば理由は教えてくれる。

小川 その時には教えてくれないけど、あとになると結構教えてくれる。

6 ポーテージプログラムとは一人ひとりの子どもの発達に応じたアプローチをする個別プログラムであり、親・家族が指導の中心となって、主に家庭などの日常生活の中で指導を行う家庭中心プログラムのこと。(認定NPO法人ポーテジ協会 https://japan-portage.org/portage-program/)

4．言うことを聞かない×3

平井　複合施設の子どもの遊び場とかで、散々ケンカするし、（おもちゃとか）取られたら怒る。

小川　自分のものと思ったら、誰かに取られたらめっちゃ怒るやろ？

平井　めっちゃ怒る。誰が持っていっても怒る。3歳児検診は、悠斗のことを申告したので、検診でどうこうは言われなかったんですけど、すぐ保健師さんのK式発達検査を受けて、その場で、やっぱり集団療育が必要ですねって言われた。その時すでに陸斗は療育に行っていたから、そこに入れてもらった。うまいこと2人とも幼稚園から加配の先生もつけてもらえた。海斗が4年生ぐらいに私がもう限界やと思って、夫に言ったんですよね。陸斗の診断が確定したことによって、自分なりに判断できるようになって、「海斗も絶対に何かある」って、夫にだけは伝えました。発達障がいでも普通級でずっといける子もいるじゃないですか。そうなればいいなと思っていたんですけど。こっちに戻ってきた時が6年生で、すっごい荒れたんですよ。家の中で言うこと聞かない×3ぐらいでした。

松本　それは大変！

小川　言うこと聞かない×3ってどうなるの？

平井　逆切れして、プチ家出をしたりとか。

小川　そういう風になってくるんだ。

平井　ひどかったよ。反抗いっぱい、何言っても聞かない。腹立つから本気で喧嘩したことがある。一番海斗がひどかった時期だね。

保坂　それは具体的な何かに対して怒るの？　それとも漠然としたイライラ？

平井　言ったことをやらない。「これしなさいね」とか言っても返事だけ。何を言っても返事だけなんですよ。結局やらないし、わかってないし、わからないことも聞いてこないし。発達障がいの典型的なことなんですけど、結局それが私のイライラになってて、好き勝手やるし、ＡＤＨＤだから。

小川　わかる〜！

5. ADHDとASDの違い

平井　言えば普通に通じるだろうと私も思っていたんですね。陸斗はＡＳＤでＡＤＨＤじゃないのね。ＡＤＨＤの傾向がわかってなかったんです。突っ走るという傾向が。海斗はＡＤＨＤ＋ＡＳＤだったんですよ。私たちも親に教えてもらってないことって、見て学ぶじゃないですか。でも、見て学べてないから、余計に「なんでこれがわからないの？」っていう細かい積み重ねがイライラ。本人わかってないのは当然なんですけど、わからないことも聞き返すことなく勝手にやってしまうんです。そういうイライラがずっと積み重なって。

小川　自閉症だけ持っている子と、ADHDだけ持っている子と、ASDとADHDの両方持ってる子って、そんなに違う？

平井　海斗は自閉が中程度入っている。陸斗の最初の診断が広汎性発達障がい、悠斗はきっちり診断が出てないけど、ADHDって言われて。

小川　そっか。

平井　悠斗は一番楽だね、でも海斗と似ているところはあって同じ傾向だって感じる。ただ、言っていることは通じるし、私らがやっていることは見て覚える。

小川　ADHDやったら通じるって思う。ある程度はね。

平井　でも自閉症があるから。「絵の概念」がものすごく低かったの。

小川　あーそうなの。

平井　「絵の概念」が低いっていうことは言っていることが多分ずれますって言われて。

小川　そうやろうな。

平井　親の言っていることは全くだから。

小川　ストーリーが組み立たないんだよね。

平井　全然違う自分との感覚、価値観が全く違って。

芦田　「絵の概念」っていうのは？

小川　「絵の概念」は、ＷＩＳＣ[6]の検査項目のひとつでストーリーを作っていきましょうというのだけど、それがうまく組み立てられない。つまり絵を見てそれがどういう状況なのか判断できないこと。だから、当然、周りの人とも反応の差が出ちゃう。

平井　一般的な捉え方とその子の捉え方が全然違う。私が「こうだからこうしなさい」って言っているけれども、この子は「こうしなさい」って言われても「？」だらけっていうことに気づいてなかったんです。

小川　難しいよね。

平井　もうずっと。食い違いで。

小川　なるほど。うちの子２人とも自閉症・ＡＤＨＤ・ＬＤ全部持っているから、わかんないんだよ。

平井　唯一、悠斗が自閉症のないＡＤＨＤな感じだから。その違いでわかる。

小川　私だけが、ほら、ガチのＡＤＨＤって出ているから。

芦田　小川さんがＡＤＨＤってこと？

小川　私はＡＤＨＤって診断が出ています。２人の子どもたちは自閉症・ＡＤＨＤ・ＬＤでしょ？　ＬＤだけは未体験でわからない。頭の中がどういう構造かは、やっぱハイブリッド同士じゃないとわかんないのかなと思う。難しいよね。

平井　海斗と陸斗が自閉症で一緒だし、でもＡＳＤとＡＤＨＤで違うから、まったく違うところあるけど、自閉のところは似ている。海斗と悠斗はＡＤＨＤで一緒だから、もう本当に、「うわ、そっくり」って思うとこいっぱいある。３人の違いはちょっとずつ見える。

小川　ＡＤＨＤと自閉症だけでも全然違うからよく揉める。先の見通し方が全然違う。先の見通しを立てるのが苦手な自閉症と、衝動性で行動するＡＤＨＤは特性の相性が悪いよね。合わない。

平井　合わないね。でも合うときもあるよね。

小川　合うときもあるけど、ぶつかるよ。合わない特性同士はほんと、ぶつかると思う。うちの２人の姉妹は三つとも持っているけど、実際ぶつかっているし。合理性の強い人と衝動性の強い人は合わない。

松本　交わらないよね。

小川　交わらないね。

山本　うちの２人、衝動性は強くないし、おとなしいタイプだからあまりぶつかっているのは見たことない。私がいると兄弟一緒に遊ぶけど、いないと個別に動くから、ケンカもおきない。蓮は、湊が可愛いからかまう。でも湊はかまわれるのが嫌で怒るのはあったかな。

平井 海斗は両方持っているので、合理的で不安が強く衝動性も強い。

小川 そうなのか～。

松本 衝動性で動いて、あとで、合理性で動くって感じ。

平井 本当にやりたいことに関してはすごく衝動性があるから、うわーってなんでもこなせる。けど、「ちょっと待って」って少し考えるようなやつは、めっちゃ合理的に考えるから、「こうやったらいいやん」「やってみたらいいやん」も全部「そんなことはできない」とはねのける。

小川 あ、合理性が勝っちゃうんやね。いつもはガーっていくやんって思っちゃうよね（笑）

平井 （笑）めんどくさい。好きなことはやるのに、なんでやらへんの？って。

小川 そうなるよね。

6 WISC（Wechsler Intelligence Scale for Children）：ウェクスラーによって開発された5歳から16歳までに適応される知能検査。全検査IQおよび四つの指標得点（言語理解・知覚推論・ワーキングメモリ・処理速度）が算出される。（『新・発達心理学ハンドブック』参照）

6. 子どもが不登校に

松本　りおが小学校入って、単発的な付き合いはできるんだけど、長期的には付き合うのがしんどいから、友達がコロコロ変わる。だからグループを作れない。低学年では良かったけど、やっぱり3、4年からクラスで浮いてきて、でも学校の先生は「いや、こんなもんよ。こんな子いるよ」って言う。

小川　いるのはいるよね。

松本　5年生の3学期にとうとう学校に行きたくないって、泣き始めて、担任に聞いたら、「連れてきてください」って言ったので、よせばいいのに、泣いているりおを無理やり連れていった。その時にりおが「私は何か他の子と違う気がする」とぼそっと言ったのよね。私もそう思っていたから、「じゃあ病院に行こう」ってなって、私がPMS（月経前症候群）で行っていたメンタルクリニックに連れて行ったら「なんもない」って言われた。カウンセリングだけでなんもないし、「お母さん、誰でも発達障がいにしちゃダメよ」って言われた。でも、そう言われても、やっぱりなんか違うよなー。普通のところは多いけれども、友達との関係が構築できないとか、文語的な言葉で喋るっていうのがすごく引っかかっていて。ちっちゃい頃から息をするように嘘つくし。

小川　わかる。本心は見せない。

松本　そう。大学病院に行ったんですよ。その時、子どもの心の発達相談に初診で行ける時に行って検査をしたら「傾向はあるけれども、自閉症の範囲に入ってない」だった。りおも私も納得できなくて。最後にもう1カ所行こうって、精神医療センターに行って、そこで初めてWISC検査とCARS2[7]をしてもらって、高機能の一番ギリギリのグレー寄りだけれども診断が出たんです。ああ、やっぱりって。りおには言ってないんですけど、多分、りおは気づいていると思う。診断が出て、一応学校の先生とは共有して。おかしいと思ってから診断が出るまで1年半ぐらいかかった。中学は本人が支援学級に入るってちゃんと了承しないと入れない。でも支援の先生に「支援には入れないけど、支援学級の方で見守ります」って言ってもらって、見守ってもらいました。中学の時には水泳部に入って、水泳が好きで水泳部に気持ちが傾いていたので、1年生、2年生は行けていたんですけど、3年生で引退すると同時に教室に入れなくなっちゃって。引退の前からずっと1カ月お腹を壊していて、「お腹痛い」って。「いじめられるから嫌や」とか。「みんな自分のこと変に思っている」って言って、一気に別室登校になってしまいました。3年生の2学期は教室にはほぼほぼ入ってない。でも、高校の私立受験って3年生の2学期までの成績で決まるらしいから、2学期点数取れてないので、行ける高校はほぼほぼない。そこで選んだのが、職業訓練が行われる高等専修学校でした。私はすごく通信制を勧めたんですけど、「こんな今まで学校行ってない状態でいきなり全日制にいけるわけないやん」って。りおは全日制にすごくこだわって高校に入ったんですけど、やっぱり行けなくなっちゃった。今年の3月に辞めて、今、通信制高校に行っているんですけど、「グリ下」にはまっちゃって、大阪ミナミの。

7　CARS2（Childfood Autism Rating Scale second edition）：小児自閉症評定尺度第2版）。自閉症スペクトラム症（ASD）の診断評価とその重症度が測定できる検査。標準版と高機能版がある。対象者の直接観察と質問紙を含めた養育者からの情報を含めて得点化する。（『新・発達心理学ハンドブック』参照）

7．「グリ下」に通う子どもたち

芦田　「グリ下」って何？

松本　ミナミのグリコの看板の下。東京のトー横みたいな感じで、聞いた話だと東京の子が来て作ったらしいんですよ。大阪にも居場所をって。

芦田　そこが居場所なの？

小川　そういう子たちの居場所[8]。

松本　家に問題があったり、家出してきた子とかが集まる所で、お互い本名は知らなくて、ツイッター（X）とかで知り合う。年齢も本当かどうか知らない。住んでいるところもわからない。仕事も何しているかわからないっていう子が集まってきて、みんなで話をしたり、お酒を飲んだりとか。警察も見回って警戒しているところにうちの子はまっちゃったんですよ。

平井 でも、そこはそこなりに社会のルールを作っているみたいやね。彼らの中でのルール、これはしちゃいけないって、一線は決めて集まっているみたい。

松本 OD（薬の過剰摂取）はしない、喧嘩はしない。売春はしない。「OD、喧嘩するんやったら別のとこでやってくれ。別にやるなとは言わんけど、ここではやるな」って帝王がそういうルールを作って、みんな、そのルールを守りながらお互い仲良くはしているんですけど。多分うちの子は小学校高学年から中学校に友達関係が構築できなかったのを今そこでやり直しをしているんじゃないかな。病院の先生に相談したら、「絶対止めたらだめ」って言われた。外泊もしていますよ。どこに泊まっているのかわからない。本人は「ここに泊まっている」っていうけど、息をするように嘘つくから。ほんまにそうかわからない。

小川 （笑）

松本 私、あの子のツイッター（X）の裏垢（裏のアカウント）知ってるんですよ。

小川 すごいな。

松本 バイト行くって言って、行っているところが「グリ下」で、「あんたバイト、クビになったん？　もしかして」って思うけど言えない。

小川　そんなそぶりがある？

松本　もうだって、ほぼほぼ毎日行っている。

平井　今そこが救いの場なんや。

松本　昨日も行ったよ。

小川　まじか。バイト行くわってミナミに行くわって感じなの？

松本　バイト行くわって言って、裏垢に「今からミナミに行きます」って。「ミナミ降臨」って書いてある。

皆　（笑）

松本　子どものこと、信じられへん。

小川　もうますます信用できなくなるやんな。

松本　今そうやって見守ってるけど、すごいしんどい。

小川　そうだね。知らないふりしなきゃいけないしね。

松本　うちの子と一番仲のいい女の子が性産業で働いている。

小川　そっか…、働いているんだね。

松本　「仕事」が「援助交際」。その子も家出してきたから、それでないと生計が立てられない。18歳って言っていた。

小川　発達障がいの女の子が大人になった時、どこで働いているか見えにくいよね。
松本　うちの子は「グリ下」に行ったら自己肯定感が高められる。可愛いって言われる。
小川　だって、可愛いもん。
松本　うちは「グリ下」で適応ができている。だからそういう子が集まってくるんじゃない。
小川　刺激も強いしね。
松本　そうだね。
平井　刺激が欲しい脳的には最高なんだろうね。発達障がいの子ってやっぱ刺激求めるから、そういう子にしてもたまらない場所。
小川　たまらないだろうね。
芦田　そんなに刺激が欲しいの？
小川　刺激に慣れちゃう。だから、ひまりは賭けごと系、ガチャガチャから始まっておみくじとか何が出るかわからないものにハマる。当たり運がいいから、1等取れるかもとずっとやるんです。取れたら幸せ、そこまでの刺激が欲しいんですよ。ポケモンカードを集めているけど、袋詰めを大人買いして、何が出るかわらないのが楽しい。
松本　何種類ありますよってわかったら全部出るまでやらないと気が済まない。
小川　コレクターなんだよね。それに満足できなくなると、もうちょっと高い刺激、クレーンゲームとかお金かかるものにいったりとか、宝くじ買ってみたりする。どう考えても賭博にいくっていう嫌な未来しか見えない。それぐらいだったら、株式投資しない？って（笑）

平井　あれも賭けみたいなものやもんな。

8　2024年1月18日には「グリ下の帝王」が誘拐の疑いで逮捕されるなど、座談会当時から「グリ下」は変化しているとのこと。また認定NPO法人D×Pが2022年8月より「グリ下」付近に若者の居場所として月2回程度フリーカフェを実施している。https://www.dreampossibility.com/whatwedo/project/freecafe/

8．子どもの知的障害がわかる

松本　りおと違って、ゆなは生まれて数カ月後には、夕方6時に寝て朝4時に起きる子。生後3カ月目からがっつり8時間寝るようになって、ほんまに手がかからなくて神と思った。でも目が合わなかった。けど、りおと母の介護で大変だったので、ラッキーぐらいにしか思ってなくて。でも2歳になった時に言葉が消えたんです。喋っていたのが。

小川　失語したんだ。

松本　言葉を消失したのね。3歳児検診の時に検査は全部パスして。最後に保健師さんに何か困ったことないですかって聞かれたから、「ちょっと発達が遅れていると思います。全体的に」って言いました。「お母さんは普段の生活でそう思われるんですか」って聞かれたので「そう思います」って答えたら、「じゃあ心理士さんのところへ」と言われて、簡単なK式発達検査っぽいのをして。「問題のある遅れと問題のない遅れがあるけれど、この子は多分問題のある遅れだと思うから、半年間様子を見て、療育に行きましょう」って言われて。その半年の間に言語聴覚士さんに予約を取って、言語聴覚士さんに見てもらったら、3歳にしては、習得している単語が非常に少なくて、普通の3歳児の半分以下で助詞が出ないんですよ。「今日はいい天気だ」が「今日いい天気」とか、「これが食べたい」が「これ食べたい」みたいな喋り方になっていて、助詞が出ない。「とりあえず、たくさん話しかけてください」って言われたから、話しかけたんですけど習得はできなかった。半年を過ぎてもう一度心理士の先生にみてもらったら、あまり劇的な向上は見られないので、じゃあ療育に行きましょうと言われ、個別の療育を紹介してもらって4歳からそこに行き始めた。5歳になった時に、療育の担当の先生に「小学校は支援学級に入った方がいいかもしれない。支援学級に入るんだったら診断があった方が良いかもしれない」って言われたから、私がPMSで通っていた病院にゆなを連れて行ったら「グレーのボーダー」って、検査なしで言われました。その先生に「この子を大学病院に連れて行って、グレーはグレーでも、どれぐらいのグレーか確認したい」って言ったら、「いいですよ、いってらっしゃい」って言われ、大学病院で検査してもらったら「がっつり自閉がありますね」って。その上、知的障がいもあった。

小川　その時に知的障がいがわかったんだ。

松本　うちの子ね、「怒る」っていう感情がないんですよ。生まれてこのかた怒ったことなくて、怒る場面では泣いちゃう。すごく周りから見たら穏やかな子に見えるし。こんなに関西弁に囲まれているのに関西弁が出ない。リスニングはできるけど。

皆　（笑）

松本　喋ったら、ものすごい腹立つ関西弁になる。

小川　わかる。

松本　そんな感じになるから、関西弁は喋らんとって、標準語でええよ。でも、本人は喋りたいけど、腹が立つからやめてって感じ。

9．食事も大変

小川　食事も腹が立つ。子どもたちが保育園に通ってた頃のことなんだけど、保育園だと30分で食べられるのに、家だとすみれが1時間、ひまりは3時間食事に費やしてたんだよね。何でそんなに時間がかかってるのかっていうと、歩きながら食べる。気が逸れてるんですよ、完全に。

平井　満腹中枢が働いちゃうよな。

小川　1日のうちに何時間も食事の時間を取れへんから「外では30分で食べられているのに、家の中では30分で食べられないのはおかしいよね。家だと、ダレているんじゃないですか。ルールは一緒よ、できるんやったらやって」って言ったのね。でも立ち歩きたい衝動は「外では抑えられるけど、家では抑えられへん」って言うから、「歩きたくなったら、歩いていいですかって聞いて」って、1周だけならと認めると、言えば歩かせてもらえるってわかって、座って食べるようになって、今10分でご飯終わります。

芦田　早っ。

小川　好きなものだったら、すごい食べるのに。興味のないものは「半分残していいですか」とか。

山本　ほんと好きなものはよく食べる。ハンバーガー、ポテト、ピザとジャンクなもの。湊は卵が嫌いで、見た目に卵料理ってわかるものは、食べない。食わず嫌い、見た目で好き嫌いを決めている。

平井　もう好きなものしか私は作んない。「今日何食べる?」って聞く。

小川　うちもそうしてるけど、ずっとパンって言われて、ずっとパンを出してたら絶対に栄養が偏る。

平井　でも生きてるから大丈夫だよ。

小川　外だったら、出されたものは食べなきゃいけないと思ってるから、無理してでも食べる。だから給食は残さない。

山本　同じカレーのレトルトでも、食べられるやつと食べられないやつがある。

平井　そんな細かいのがあるから、もう本人が食べられるものを常にストックして、今日はもうそれねって言って。

松本　味覚が変わるときあるよね。

平井　あるある。変わるから食べなくなって賞味期限が切れて捨てるものがいっぱいある。

松本　初見のものは絶対食べないから。

芦田　じゃあ、外食はもう全然しないの？

平井　うちは、ポテトが食べられるから、ファミレス系ならポテトがある。そういうありそうなところにいくよね。

小川　ありそうなとこ行くよね。先に提示するんです。「こういうメニューがある店に行くけどあなたはどうしますか」って。もうすみれは中学生なので「私は行きません」って言ったら置いて行く。

松本 出されたやつ全部私がまず試食して、「これ食べれる」「あ、これ、無理」とか。

小川 （笑）毒見役やん。

松本 選別して。「これはあなた食べれるよ」っていう。

芦田 それわかるの？

松本 わかる。

平井 お母さんのこと信用してるのね。

松本 辛味、苦味、酸味がダメだから、ある程度は大丈夫なんだけど、一定ラインよりきつく感じたら、これはダメとか。逆にこれはいけるとか。

小川 本当に信用されているね。私が「いけるいける」って言っても、ママの味覚は信用できないって（笑）。

松本 あかんのは全部ミキサーかけてカレーに入れるわ。

小川 そうね。うちのは食わず嫌いだから、無理やり突っ込まれると結構食べられるのよ。青臭いものだけは小さいころから好きで食べられるよ。オクラとかブロッコリーとか、ほうれん草とか、人参、ピーマン、春菊とかゴーヤとかいける。

平井 結構食べてるね。

山本 なるべくみんなと同じものをだすようにしていて。だからって無理強いはしないけど。

家のように配慮された食事を用意されることが、当たり前とは限らないってことと、意外と食べてみたら美味しいってなるものがあるかもとは伝えている。調理実習で目玉焼き作った時、頑張って食べたみたい。

10．感覚が敏感

小川　着る物も大変。ある日突然、触覚が変わって昨日まで、この綿のサラサラ具合がいいって言っていたのに、今日はチクチクするって言われたことない？

松本　ある。

平井　最初に一応「これ良い？」って触らせて買ったけど、結局その時ちゃんと見てないんだろうなと思う。「いいよ」って言うから買ってきたのに、履かしたら「やっぱりごめん嫌だ」っていうのはある。

松本　靴下とか手にはめて確認して大丈夫なのに、足にはめたらダメだったっていうのある。

小川　それはあるかもしれない。手と足の感覚が違うよね。うちの子、手の薬指と小指の2本の指の爪だけを切れない。

松本　うちも切れない。

平井　ヤスリで削ってる。
小川　他の3本は切れるけど残り2本は切れない。痛いらしい。
芦田　痛いの？
松本　痛みを感じます。
小川　なんで2本だけなの？って、いつも思っていたけど。切らせてくれないから、もうすごい格闘だよ。ちっちゃい頃。
松本　うちの子は自分で切っている。
小川　今は自分で削らせているけど。
松本　自分でやればね。
小川　そう、自分でやれば加減ができるからね。
松本　人に与えられる痛みはダメだよね。注射とかね。
小川　でも注射は自分でできひんから有無を言わさず打つ先生がいい。「覚悟ができてからでいいですか」って言っている間に、アルコール消毒して「インフルエンザより痛くないから」って打ってった（笑）。子どもは、はぁ？？？てなっていました。
松本　待つ時間が長ければ長いほどダメだよね。
小川　ダメだよね。昔、爪の間にトゲが刺さっちゃって、無理くり抜こうとしたらパニクってぎゃん泣きしたんですよ。そしたら虐待だと思われて、警察を呼ばれて、お巡りさんが女性と男性と2人やってきて、「本人に会わせてください」って言われて。「いいですよ。パニクってますけど」って言ったら、トゲが刺さって泣いてるのを見て、女性の警官が「これは痛いよね。救急車を呼んだ方がいいよ」って、救急車を呼んで、トゲだけで病院に運ばれて。でも麻酔しないと取れない場所で、麻酔注射に3時間迷う。「痛いのは変わらんのやから、早く打って」と思うけど、当人にとってはものすごく怖い。

松本　上の子も痛いの嫌いやから麻酔注射するのに嫌がって暴れて3時間くらいかかる。その時はポニーテールをしていたから診察室から出てきたら落ち武者みたいになってた。

皆　（笑）

松本　ちなみにゆなを押さえてる大人も落ち武者みたいになってた。

皆　（笑）

小川　歯医者も大変で、すみれとひまりと一緒に歯科に連れて行って、ひまりは15分で出てくるのに、すみれはパニクって3時間注射が打てなくて。もう診療時間は終わっているし、他の患者さんも待ってんのに。

松本　それもある。

小川　あれは平謝りだよね。

松本　あれ親も疲れるよね。気も使うしね。

小川　先生も忍耐力あって、ずっと付き合ってくれる。「いいよいいよ」って待ってくれるけど、こっちがそれ言われるたびに心が痛むんだよね。

松本　子どもがちっちゃかったからやけど、2人がかりでおさえつける。

小川　でもマジックテープで、巻かれて押さえつけられても力もあるから剥いじゃう。

皆　（笑）

小川　そんなに力があるの？っていつも思うわ。歯科は口に器具はめるしかないやん。絶対口開けないもん。でもそんな器具が入る隙間がない。歯科が一番嫌だなぁ。で、虫歯の治療の途中で神経を抜いていたのにコロナが流行ってしまったから、「コロナが～！」って当人がなって。そのまま行っていません。すでに3年。

松本　それはやばいね。

小川　だから、それくらいやったら障がい者歯科に行こうと思って。でも、障がい者歯科に電話したら、コロナになっていない証明書を出してくださいって言われて、めんどくさっと思って。それに、遠いのね。

平井　わかる。

松本　雨が降ったら余計嫌やもんな。

小川　絶対嫌だ。台風の中、昔は連れて行ったりとかしたけど、今は無理。抵抗されたら、身体が大きすぎて負けちゃう。

山本　確かに遠いけど、うちは、障がい者歯科に通院していて。最初は、近くの歯医者に行っていたけど、抜歯をすることになって。でも、近くの歯医者は、障がいのある子を専門に診察していないし、子どもがそうすんなりと麻酔を受け入れてくれないと思って、今後の治療のことを考えると転院が最善かなと。通院してみたら、視覚支援もあって、子どもに丁寧に説明してくれて、抜歯するまでに、3回は通院した。子どもが抜くと決めるまで待ってくれた。過敏な子が多いから、特性を理解しているところに通院したいし、でもいい病院は近くにない。探すのも大変。

11．性教育の必要性

小川　性教育を男の子も女の子もしとかんと。

平井　こないだ、ちょっとやったよ。そろそろな気がしたから。長男はもうそういうことについては知っている前提で。だから「触れたらダメだよ」とか、「合意がないとダメだよ」って、めっちゃうるさく言っといた。

小川　合意がないとダメって絶対。
平井　「嫌よ嫌よも好きのうち」はダメやよ。
皆　そうそう。
平井　簡単に、人の身体とか手とかもう触れたらあかんよ、犯罪や。繁華街に出たりもするし、電車とかも乗ることあるし、そういう話はしておいた。下の子も含めて全員に。
芦田　話を聞いて理解した感じ？
平井　悠斗はまだ保健体育を受けてないから。陸斗も授業に参加してないから、具体的にどうしたら子どもができるのかまではわかってはいないけれど、「精子があって」っていう話は少しして、「女の人に簡単に触れちゃいけません。パーソナルスペースがあります」っていう話はしましたね。
山本　パーソナルスペースについては、支援学校では日々の生活から学んでいるみたい。例えば、友達の服にホコリがついていても、勝手にとってはダメ。「服にホコリがついているよ」とか、「鏡で確認してきて」と言葉で伝えるように教えてもらっている。人との距離感を学んでいる。性教育、特性ある子どもにもわかりやすく伝える方法ってあるのかな？　親も学ぶ機会が必要かも。
小川　子どもの友達に「赤ちゃんってどうやってできるの？」っていきなり聞かれて。「え？

習ったやろ?」っていったら「そこまでちゃんとは習ってない」って。でも親御さん差し置いて、私がこんなことを話してよいのかと思いつつ、説明したら「その精子はどっから入ってくるの?」って言われて、しょうがないから、それも説明したんだよね。子どもを作っても育てられなかったりとか、もしくは病気をもらってしまったりとかあるから避妊は必要と伝えて。また、そんなにやすやすと人に身体を触らせたりするものでもないし、避妊をしない男の人なんかは相手のことを考えてないから、相手にする必要はないという話をしたあとに、親御さんたちのところに電話して「ごめんなさい、子どもたちが知りたがって、私が性教育することになって話した」って言ったよ。

平井　うちは、コンドームを知らなかってん。夫が説明するにあたって「コンドームっていうのがあってな」って言ったら「コンドームって何?」って、陸斗と悠斗。それから夫は一生懸命説明してたけど、やっぱり知らないんだな。

小川　知らないよね。いろんな避妊の仕方があるけれどもっていう話もした。知らないって怖いよね。女の子の何気ない行為でも、男性から見た時には〈お誘い〉に見えることがあったり、興奮してしまうこととか、男子は女子の胸に注目しているとか、そういうのは言っとかないとわかんない。自分が被害にあうかもしれないという意識が全くないから、「あなたの身体を触りたいがために近づいてくる人が中にはいるかもしれないよ」って伝えたけど、それはピンと来ない。被害にあって、怖くて、気持ち悪いって思いをしないと、多分実感としてはわからないと思うし、うまい言葉に、字義通りに捉えて、乗っかってしまう可能性もあると思うと、もっと深い性教育が必要なんじゃないかなって思うよ。

松本 身だしなみとかもあるよね。スカートがパンツの中に挟まっているとか。

平井 しゃがむ時にパンツが見えるような状態でしゃがんでしまうとか。

松本 スカートで股開いたまま座っちゃうとか。

小川 「女子高生が、なんでカバンでお尻を隠しながらエスカレーターに乗るのかわかる?」って言ったら「わからん」っていうのよね。「パンツ見えるからだよ。見せたくないけどミニスカートを履きたいから隠してるの」って言ったら、「履かなきゃいいのに」って。そういう感覚がわからない。

平井 わからないね。

松本 挟まって気持ち悪いっていう感覚もわかんないし。

小川 そう。挟まっているって思ってない。それが、まず問題。

松本 だから「必ず鏡で見なさい」っていうけど、うちの子はうしろっていう感覚があんまりなくて。昔は、背中は暗黒の世界。鏡見たら鏡は全部前面に映るからうしろっていうのがわかんなくて「うしろはない」みたいな。今もうしろの感覚は鈍い。

12．できないこと

小川　未だにうちの子、三つ編みはできるようになったけど、後ろ手一つで三つ編みするのはできない。手が覚えているはずなのに、「見えないとできなくなっちゃう」っていう。
松本　動きもちょっと逆になるからね。
小川　うん。でも、裏編みになるだけのはずなんだけどね。
松本　感覚でできない。
山本　湊、靴紐が結べない。サイズが大きくなると紐靴になってくるから、練習してみたけど、難しくて無理だなって。結ぶ必要のない紐も売っているし、便利グッズに頼れば、結べない問題はクリアできそうだけど、できたほうがいいような気もするし、悩む。
小川　下の子は、輪ゴムを2回以上回せないから、髪の毛絶対結べないの。自分の髪の毛でも二度以上ゴムを回して結ぶっていうことができない。手先をくるってひねって髪を通してくるっていう細かい作業ができない。迷子になる。
松本　今どの部分？みたいな。
小川　そうそう、「どうしたらこれはもう1回止められるの？」って。
芦田　袋の口を輪ゴムで止めるとかもできないの？

小川　それはできる。でも、髪の毛はできない。私の髪の毛でもできない。なんで？って思うよね。もしかしたら、調べたらポテトチップの袋も2回以上回してないかもしれない。もうバレッタとか使いやすいもの使えばいいんだけれど。身だしなみにかかわってくるよねって思うと気になるんだよね。特に女子は身だしなみにうるさいから。

平井　気にしていないの？　身だしなみとか。

松本　わからないから。自分で気がつくっていうことができないから指摘してあげないと。

小川　ボタンがずれていても気づかないから、「そこ浮いてるで」とか言わないと。

芦田　洋服を自分で選ぶことはないの？

小川　一応「これを買いますけどいいですか」とか「着ますか」っていう風に聞いて買うから、どれを着てもいいのだけど。買いに行くこと自体が興味ないから行きたくないのにって状態ですね。

平井　わかる。行かない。19歳になっても私が買っている。本人には「もう買いに行かない」って言っているけどね。放置しなきゃ。

松本　選択肢が多かったら選べない。

芦田　洋服屋さん行って、いっぱい服が並んでたらわからなくなる？

平井　そう！　わからなくなる。「何買いに来たんだっけ？」みたいな。

松本　ここからここまでで、好きなの選んでって、4、5着ぐらいからは選べるけど、例えば、洋服屋に行って、好きなの買っていいよって言ったら、スカート買いに来たのに靴持って来る。

小川　あるよね。目的が違う。「なんでもいいから、私わかんないから、好きなの持ってきて見せて」とかいうから、スカートとかワンピースとか可愛いと思うものを持ってくと「違う」って言われる。違うと思うなら自分で選べって思う（笑）。

平井　自分で選べっていったらわかんないんでしょう。

小川　わかんない。だからネットで買うのが一番楽チンで。

平井　私もネットで。

小川　ネットで見せて「これはどうですか？」みたいな。

松本　りおが全然服を選べない子だったんだけど、りおに〈推し〉ができて、中1くらいから、その人が着ている服の似たような服を買い出して、そこからだんだん選べるようになった。

13．見通しの違い

小川　興味があってやりたいことでも努力はしない。

平井　そう。好きなことしかやらないから。

松本　行きたい学校に行こうとしたら、自分の嫌いな勉強もしないといけない。

小川　そう。そうなの。そこは彼女らには、別なんだよね。

松本　プロセスでちょっと苦しそうなのは排除しちゃう。

小川　そう、排除しちゃう。

平井　努力、大っ嫌いだよね。

小川　努力、大嫌いよね。

平井　大っ嫌い。

小川　びっくりしちゃうよね。「なんで？　好きなことにたどり着くための努力するの当たり前やん」って思うけど。

平井　上手くなりたいけど、練習はしない。

小川　みんながどれだけ血のにじむ思いをしているのかわからない。いかに楽をするか。

松本　好きなことにどれだけたくさんの時間を費やすか。

小川　そういうものではないっていうのを理解できない。

平井　でもそれってほんとわかんないんだよね。何回言ったって。みんなも努力してちょっとずつ伸びている。それなのに周りと比べてあまりやってないのにすごくやっているって思っているし、伸びるんだって勝手に思っているから。

松本　多分、ちっちゃい頃から「やっても、やっても、ダメだ」っていう経験が積み重なったのかもしれないよね。だから努力したらもうしんどいことしかない。自分の努力が反映されないから、そういう経験が多いから多分、もう嫌いっていうか。

小川　彼女たちの中では思った通りにならないイコール失敗。私たちから見るとまだ途中だから全然結果が見えてないっていうだけで、失敗じゃないの。でも、彼女たちの判断の中では自分たちが描いた筋書きの通りの成功体験ができてないから。例えばお絵かき帳みたいなので、これをなぞったら絵が上手くなるよって書いてあったら1回なぞったら上手くなれると思っている人もいるわけですよ。10回、20回、１００回ってやって初めて上手くなっていくものなのに、そこの積み重ねをどれぐらいするかっていう距離感がわからないから、１回やって次に描いた時、上手くいきません。特性からそういう理解になるのだと、思い返すとやっぱりそう思うけど、当時は失敗してると思わなかったもん。

松本　見通しが立たないからやめちゃって、達成できなかったことが失敗っていうのに直結しちゃう。

小川　私達が思っている成功体験って、例えば習い事の体験に行って、先生に優しく教えて貰って、たどたどしくも何とかその時間をやり遂げられたら『成功体験』って感じだと思うんだよね。でも当人たちの見通しって『自分が思い描いていたとおりになる』事で、大人が思い描いてる見通しよりだいぶ甘い。だから、習い事や学校の先生たちが「そこはこうやってね」とか「こうするんだよ」って『上達するように』教えてくれたことが「自分のやり方ではダメだった」に繋がって『失敗体験』になってたりする。「どうだった?・楽しかった?・」って聞くと「楽しかった」とは言うんだけど、きっと胸の中にはモヤモヤがあって、それを上手く表現する方法が分からないんじゃないかな。こういう小さな「自分のやり方ではダメだった」が積み重なってくるとだんだん習い事とか勉強なんかは嫌になったりするんじゃないかなと思ってる。親からしたら特に大きな失敗はしてないはずなのに子どものやる気がどんどん損なわれていくのを見てると『努力が足りない』とか『継続力がない』って感じちゃう。見通しが上手く立てられなくて『失敗体験』を積んでしまっている子どもって、結構小さいうちからいると思うんですよ。小学校低学年くらいの頃には『やっても上手くいかない』体験を沢山してて、自己肯定感が下がっちゃってる。親は「頑張ったじゃない」「我慢できて凄かったね」「上手に出来たね」って沢山褒めているんだけど、当人たちは『自分が思ってたのと違う』成功体験は『成功体験』じゃないから、褒められてもあまり響かないし、自己肯定感上がらないんだろうなと最近思うようになった。

松本　達成したんだけど努力して達成したけど、自分が思ったのと違う達成だったらダメなの。自分が予想していたのと違ったらなんか違うってなったら、それは達成してないになっちゃう。

14．プランニング

松本　テスト前に勉強しないで、いきなり掃除を始めるっていう。
小川　そうそう。
平井　わかる。テスト前にやりたくなる。
松本　それで疲れて自分が努力した気になっちゃう。
小川　疲れて「おやすみなさい」って。「宿題が終わってないですけど明日ね」みたいな。いやいや、2学期は絶対やってくるから、私ちゃんと一緒に7月の最初にプランニングしたの。「これだけのことをやらなかったら追いつかへんのやで、1年サボるってそういうことやから」って。でも全然できてない。
松本　1日遅れてもなんとかなるみたいな。
小川　三日坊主ちゃうねん。一日坊主でもないの。もっと短い時間なんだよね。
松本　うちも同じで、結局できなかったら「周りのせい」とか、「環境のせい」とか、「自分は悪くないんだけれども、できる状態になかった」っていう。
小川　「私は頑張った」っていう。「じゃあ、もう1回プランを立て直さなきゃいけなかったよね」っていう話だけど、言い出してこないよね。絶対にね。こっちは待っているのに。

松本　あとで言ったら「言ってくれたらよかったのに」って。

小川　自分で気づけって自分のことなんやからって思うけど。

平井　私はまだがっつり見てて、私が全部予定を立てて午前中はしっかり張り付きやもん。

山本　湊はプランニングがうまいから、全部宿題は自分でプランニングして全部その通りにこなしていく。学校の先生と話して家で教えないことにした。教え方が違うから。一元化するためにはもうやらないって。

小川　5年生になったら、分数の計算とか複雑化してくるじゃない？　綺麗に書けなくて約分とかして書き込みが増えると、何を書いてあるのかわかんなくなっちゃうんだよね。計算機を使えばと思うけど、「みんなと同じ方法」にこだわっちゃうんだよね。「みんなと同じ」になりたいから。

松本　蓮くん、勉強できるよね。

山本　学校の勉強にはついていけている。宿題、テスト勉強は私が手伝うことはほぼないかな。蓮は、自分で計画を立てながらするのも苦手ではないかなと思う。小さいころから、カレンダーに予定を書いてあげて、わかりやすくしていたかな。それは蓮が安心するために。先の予定が決まっているっていうのがすごく落ち着くみたいで。自分で予定決めてやっているし、いつのまにそんな力つけたんやろうとか思いながら。

小川　自分で身に着けたんじゃない？

山本　まあ小さい時になんか結構先の予定をよく気にしていたから。カレンダーに書いて先に何があるかっていうのをしっかりわかっている方が安心する。あと「自分でやることは自分で決める」って。親の方がこうした方が良いのにと思って、何か言いたくなるけど、こっちの言うこと聞かない時があるから。それで「自分で考えてする」になったのかな。それがうまいこといったっていうのも良かったのかなっていう。結果がいい方向につながった。

平井　成功体験が積み重なったんやね。

小川　それをしたことによって成功していったんだね。

山本　そうかもしれない。勉強もだけどピアノも頑張っているよ。

小川　まだピアノやってるんだ。

山本　うん。手先も器用なほうではないし、習わせて大丈夫かなと思いながら始めたけど。発表会に出てみんなに拍手されたりとか「すごいね」って言われたり、ピアノの試験にも合格したり。こういう良い積み重ねって、なかなかこっちでうまく準備はできないけど、本人の頑張りと、ピアノの先生や周りの人たちのおかげでなんとかうまくいっている。受験生で、「音楽系の部活に入って頑張りたい」って。本当に小さい時は、「どうなるんやろう」と思ったけど、本当に今、蓮に関しては全く困っていることがなくて。親がまだ見てあげないといけない部分はまだあるけど、特に学校、勉強のことは本人におまかせ。

平井　受験に関しては先生に言われたけど、友達の影響はすごく大きいって。周りが受験だよっていうモードに入ってくると、周りがそういう雰囲気を作っていくから、「それに乗っていけたらいける」って、先生は言っていたよね。

小川　あの雰囲気に耐えられない子と耐えられる子って別れちゃうね。

平井　周りがやっているから、俺も見学に行こうみたいなことにはなるんだろうなと思う。

松本　書き込むことで長期的なプランを立てられるけど、スモールステップ的なプラン、ここまでできたらオッケーみたいな。それもある？

山本　今は頭の中で管理できていると思う。そういえば手作りの予定表があったな。

松本　一日に何度も達成感を味わっているっていうのも。

小川　あるんじゃない？　それ。ここまでできたって。

山本　たぶん。そういうのもあるかもしれない。

小川　すごいね。

松本　それが、心地よいから頑張るんだよね。すごい良いスパイラル。

小川　良いスパイラルだよね。

平井　なかなか予定を立てるところまで達しないよね。

小川　達しない。カレンダーに書いても見ないもん。
松本　うちミナミに行く予定はバッチリやで。予定外でも行っちゃうもん。
皆　（笑）
松本　頑張っている。いいねん、もうどうなっても。笑ってくれ。
小川　わかる。気持ちがわかる。

15．自信がない

松本　周りの人を見てて、自分にはできないことがたくさんあるっていうのが、どんどん顕著になっていって、どんどん自分の中で自信がなくなっていく。みんなあれができるのに、これ私はできない、みたいな。
小川　視覚過敏だから、光の刺激を弱めるためにサングラスをかけないといられない。でも「サングラスかけてたら、私は怪しいんじゃない？」って。
松本　言っていたよね。
小川　そんな自分を認めることも必要だし、それでもいい、愛してもらえるって、知っていくのもすごく大事と思うんだけど。クラスに一人、うちの子のことを気にしている子がいるいんだよね。今、その子が前の席に座っているらしくて、うちの子のことを担任の先生に聞いてくれたんだって。学校から電話がかかってきて、担任の先生が教えてくれて、その子がうちの子のこと「元気かなーって、元気ならまた話したいな」って言ってくれてたんだって。その子は自分ではコミュニケーションが苦手と思っているみたいだけど、端から見るとそうでもないみたいなんだよね。そうするとうちの子みたいな見た目で、うまくクラスの子と関われない子と合うんじゃないかと思ってちょっと話してみたりするのかな。特性が特性をよぶじゃないけど。うちの子にそれを話したら「すごく迷っています」って言われて、「友達になりたいって言っているんだよ？　ちょっと話をしてみたら？」って言ったら、判断基準が不思議で、「自分と似てない名前だったら行きます」って。自分と似ている名前だと、どう呼んでいいのかわからなくて引いちゃうみたいですよ。字が違っても発音が似ていると、どっちが呼ばれているのかわかんなくなっちゃうって。

芦田　混乱するの？　自分とその子が？

小川　前に漢字は違うけど同じ名前の子が同じクラスになったことがあったの。その時にクラス発表の張り出しを見て、「どうしよう！　私の名前が他にもいる」って言って泣いちゃって。「でも苗字は違うし、先生たちも呼び方を分けてくれるよ」って伝えたのね。結局、呼び方分けてもらったんだけど、やっぱそれがすごい恐怖で、教室入れなかったんだよ。どう呼ばれるのか、自分がそれに反応できるのか、自分が呼び分けに気がつけるのかとか、そういうところも気にしている。そんなとこまで気にすんの？って思うんだけど、でも未だにこの時のことを気にしてるんだよね。

16．自己肯定感を高める関わり

芦田　小さい頃にどういう経験をすれば自己肯定感を高められるのかな？

松本　小さいステップで自己肯定感を上げるような。それが別に成功体験じゃなくても。例えば、愛着の部分で自己肯定感を高めることによって、失敗に対しての耐性がつくっていうか。うちの下の子のゆなの経験なのだけど、失敗したら今度どうやったらそれをリカバリできるかっていう探す力がついてきたような気がする。それはやっぱりベースに自己肯定感の高さ。どんなに能力が高くてもＩＱが高くても自己肯定感が低かったら多分もう何もできないし、成功しても成功だって自分で思えないし、だから自己肯定感の高さってすごい大切かなって思う。

小川　うちの上の子のすみれは、もうそういう意味で言ったらずっと見続けてきた。この子パニックあるし、暴れるからあんまりパニックを起こさせたくないってのがあって、すごい注意している。ある意味、見られている経験をすごくしてるんですよ。下のひまりは逆に私がすみれにばっかりに目が行っているから、見られる経験をしていない。「お姉ちゃん優先」ってずっと思っているので、自己肯定感の上がりようがないんですよ。そうすると、いまだに何やっても成功だって思えない。自己肯定感を高めるのはそれこそ公園デビューのところから始まっていて、見ててってチラッチラッって振り返る。あのころから実は始まっていて、その時にちゃんと見ているよっていう。愛を送ってあげられるかっていうところから「私、見られて大事にされいてる」っていうのが始まってるように思うんですよね。

芦田　見られていて大事にされてる。愛されているみたいなところを作るっていうのってどうすればいいの？　親は本当に子どもを愛してるんだけど、子どもに伝わってないっていうケースも多いかなって思う。

小川　子どもにフィットしない観察や声掛けって、子どもが「自分のこと見てもらえてない」って感じちゃうと思うんですよ。子どもが見てほしいタイミング、声をかけてほしいタイミングで応じるって、少なくとも子どもが姿を視界にきちんと捉えてもらえいてると感じられるようになったりとか、声のかけ方一つでも、目の前に行って名前呼んで止めるのと、子どもが背を向けているところに、背中側から声をかけて、やめてほしい行動が止まらないことってよくあるけど、止まらないからって怒鳴り続けるのと、前に回って目を見て静かに声をかけるのとでは、子どもの受け取り方も全然違うよね。

松本　うち下の子がめっちゃ自己肯定感が高いんですよ。なんで高いのかなってずっと思っていて。一緒に何かしているときに「今の見てた？」って聞かれて「ごめん見てなかった」って言ったときに、上の子は自己肯定感低いんですけど、同じ場面だった時、上の子はもういいわって言って別のことを始める。下の子は「じゃあ、ここからもう一回やり直すね」って言って、「今度は見ててね」って言って、それをやり直して「見てた？　見てた？　あー、良かった」っていう。見てなかったら、その場面をやり直すっていうのをずっとやってきた。

小川　そうなる理由は何なんだろうね。

松本　見て欲しいからじゃない？　見て欲しいから時間は戻せるっていう概念があった。

17．リセット

松本　嬉しいこと1個また思い出した。お母さんの子どもに生まれて良かったたって。

小川　それ私も言われた！

松本　お母さんの子どもに生まれて良かった。すごく私が死ぬことを怖がって。「お母さんが死んだら私はどうしたらいいの」とかずっと言っていて。下のゆなが小学校6年の時に図工の時間に、勾玉《まがたま》を作ったんですよ。それをずっと持っていて。勾玉っていうのは、神様のアイテムで、死んだ人はみんなここに入るってなんか自分で信じていて、亡くなったハムスターとか、おじいちゃん、おばあちゃんもここに入っているって信じている。「じゃあお母さんも死んだらそこに入っていい？」「いいよ、じゃあお母さんずっと一緒だね」って言って「じゃ、お母さんいなくなっても大丈夫かもしれない」って。それでだいぶん親が死ぬっていうことに対して不安が薄れた。ここにお母さんの魂は入るから喋れないけど、会えないけどここにいるからねっていうのがすごい安心できるみたい。

小川　見えないものを存在として認識するって気持ちのコントロールができているってことやから、すごいなって思って。うちの下のひまりはそれができないから。

松本　なんかできた。学校にもお守りを持っていっているけど、小ちゃい勾玉を楽天で買って小さなお守り袋を作ってそこに入れてる。五つぐらい入れてる。ここに入ってるからね。家に帰ってきたらおっきい勾玉にみんな戻るけど、学校行く時はちっちゃな勾玉にみんな移ってるから、みんな一緒だよって。

小川　うちの子に言われてショックだったのは、「生きているのすら頑張っているのに、まだ頑張れっていうの？」って言葉。「じゃあ。もう頑張れって言わない。学校にあいさつに行けとも言わない」って言ったら、「でもして欲しいでしょ」って言われて。「いや、あなたが生きてそこにいるだけでいいです。ママはあいさつのこととか言わない。でも悪いけど、勉強だけしてくれないかなって、それはあなたが困るから」っていう話をしたの。生きるのが辛いって、自殺未遂もしているから、私が「あなたが本当に死にたいって思ってるなら、お付き合いする」って言ったことがあるし、「ママは生まない方が良かったかな？」と聞いたこともある。そしたら「それは違う」って。「良い家族に生まれているのに生きているの辛い」って。だから、すごい、気持ちが揺れ動いているって思ったけど、良い家族って思ってもらえてるんやなっていうのはすごいうれしかった。でも、解決しない。それがなんかもどかしいなって思って。

松本　家に遊びに来た時に、自殺の方法みたいな話をして、私は刺繍糸で首を絞めましたって。

小川　紐がなかったから刺繍糸を使ったって。

松本　カオスな会話。こういう死に方をしましたっていうような。しかもね、どうしてそういうことをしたのかって夜中の3時とかにみんなに聞かされる。

小川　でも、あの時に自分は死んでいるみたい。その行為をしたことによって「あれで私は1回死んでいるから」って言っていたから、リセットされているみたい。ひまりの中の死ってなんなのかな？って思う。

松本　今までの自分をリセットしてもう1回生まれ変わるみたいな。

小川　不思議だなって思うよね。今はそういう身体を傷つけるひまりの自傷行為は止まってるんだよね。

芦田　リセットの効果があったのかな？

小川　リセット効果はあっても、長続きはしてないのかもしれない。今は髪を切るって行為に変わったように思う。体は傷つけてないけど、髪は不揃いだから、髪を自分で切っているのはわかっている。で、すみれがそんなひまりを見て「イライラする」って言うんだよね。だけどひまりは髪を切る行為をやめることができない。自分の一部分を切ることで、何かをリセットしているんだろうなぁ。まあ、血が出たり、ハゲちゃったりってことはないっていうのは安心なんだけども。

松本　抜毛じゃないからね。抜毛はハゲるよね。

小川　ハゲちゃうね。まつ毛抜いている子とか見るけど、まつ毛なくなっているもんね。ひまりは髪を切っちゃうから。あっちこっちに毛が散らばっていて、すごい気になる。

芦田　もう至るところで切っちゃうの？

小川　お風呂です。お風呂で毛が散っている。湯舟の中にも入っていた。片付けはしない。

芦田　お風呂に入った時に切っちゃうの？

小川　お風呂に入ったり、シャワー浴びてるときに。もう隠さない。髪の毛は失敗しても伸びてくるもんね。

芦田　そうね。伸びるもんね。

小川　伸びるからいいかなと。まだマシになったかな。言葉で表現できるようになったらまたやり方も変わってくるかなって思っています。

松本　おもしろいけどね。

小川　おもしろい。微妙に違っているっていう言葉も多い。

松本　一通りバーって説明して。「すいません。今の全部忘れてください」って。

皆　（笑）

小川　あれ何なんやろな？

松本　「もう1回いいですか？」で説明をやり直す。

小川　それじゃあ、やっぱり中学女子の間ではついていかれへん。

芦田　そやね。

小川　会話のテンポがね。

芦田　やっぱり大人との会話になっちゃうよね。

コラム① 人との距離

うちの子、担任の先生に「あなたが大嫌いなんです」って言っちゃた。でも「どうして?」って聞かれたらしい。そりゃ理由は聞くよね。話し合った末にお互いに理解を得られなかったので「私と先生は水と油ですね」って言ったらしい。そしたら先生が「僕はそう思わない」。担任の先生だったら、そう言わざるを得ないよね。「そうだね」って諦めるわけにいかないよね。立場的に言えないから。そうしたらそれが癪に触って「水と油なのがわかってるのに、なぜ認めない」って言って、すごい憤慨して帰ってきた。説明したけど、「そうかもしれないけど」と言って納得していない。合理的じゃないって言われた。「だって嫌いだから、別に構ってくれなくていい」って。「ほっといてくれたらいいのに構ってくるし、こっちから仲良くなるためにコミュニケーションをとっていくと否定される。なんなの?」って。

先生にコミュニケーションをとろうと絵を持って行った。まあ、持って行った絵も悪いんだけど、『ナイトメアー・ビフォア・クリスマス』のつぎはぎだらけの人形の絵を描いて持って行ったら「そういう絵は描かないで」って言われて。先生も「そうかー、こういう絵が好きなんだねー」でいいじゃんね。だから信用できないのね。だから嫌いなんだね。

第2章

ママの想い

『海の友だち』
海の生き物を主題に選ぼうと話して、選んだのがウツボでした（ひまり　中3）

第2章では、発達障がいのある子どもに対する母親の思いを中心にまとめています。

1. 発達障がいの診断

山本 ちゃんとしている時もあれば、めちゃくちゃ変な時もあるし、どっちなの！みたいな。ほんとにわからなくて。やっぱりそういう障がいやって診断されるのは、ちょっと怖いっていう気持ちもあったりして、なかなか病院へ行けなかったけど。まあ、幼稚園に行くと。そういう子たちがチラホラ周りにいたりして、お母さんと話す機会があって、うちの子だけじゃないなって、早く行った方がいいしはっきりさせようと、急いで行った。

芦田 じゃあ、病院は幼稚園に入ってから行った？

山本 そうそう。そのお母さんに聞いて「行ったほうがいいよ」ってなって。

芦田 病院は、その時、お母さんから紹介してもらえたりとか、この病院がいいよ、とか教えてもらえた？

山本 そうですね。幼稚園にも相談して、「○○病院の先生が良いよ」と。そこの病院に行ったら、発達検査とかせずに、「そうです」と言われて。

皆 え？

山本　先生が、子どもに3、4個ぐらい質問して、「どうやってきた？」とか、「誰ときた？」みたいな質問をして「広汎性発達障がいだね」って。

平井　わかる〜。

山本　発達検査ありきでの診断かなと思って、「発達検査しますか？」って聞いたら、「これは誰が診ても発達検査をしなくても診断出ると思う。典型的な広汎性発達障がいです！」。発達検査をしてやっとわかるものかと思っていたし、10分ぐらいの診察で宣告されたから「えっ⁉」みたいな。

小川　早い〜。

山本　すごいスピード感で、気持ちが追いつかなくて、家に帰ったら、旦那が「違う！違う！」とか言って、「じゃあ、一緒にとりあえずもう1回行ってみよう」ってことで、先生に聞いて、詳しく説明されて、「傾向はありますよね」と先生に言われて同意。納得して帰ってきた。やっとそこでお互い受け入れられて、そこから、家族の中で「こうやって接したらいいかな」という話になって、本人もそこからたぶん、過ごしやすくなったと思う。蓮がわからないことも、できないこともしょうがないかなと思えるようになったし、病院は行ってよかった。

芦田　じゃ、結局、検査はせず？

山本　蓮はしてないです。

芦田　そうなんや、検査しないまま診断がついた？

山本　そう、検査しないまま診断がついた。「こんなことあるんや」と思いながら、でも周りは結構検査している。

芦田　下の子の時は？

山本　弟の湊の時は蓮がいたので、すぐにわかりました。兄と同じ匂いをかんじて、やっぱり比べる対象があるのとないのとでは違うなっていうのは感じましたね。湊はやっぱり知的障がいがあるので、コミュニケーションがうまく取れなかったのですぐ病院行きましたね。

芦田　どれくらいで行きました？

山本　どのぐらいだったかなあ。それでものんびりしたかも。私の中では、すぐやったけど。

皆　（笑）

小川　自分が困り出したら？

山本　言葉も遅いし、コミュニケーションは取りづらいし、困ったのはすぐ怒るところ。検査する以前になんとなく家族はわかっていたし、小さくても診断出るのかなと思って。3歳児検診で絶対指摘されるからその時でいいかなみたいな。

松本　そうだよねー。

山本　3歳児検診で病院と療育を勧められて、病院に行って、弟は検査をして。おそらく知的が疑われたからかな？　兄は、知的には問題なさそうだから検査しなくてもいいかなと言われた。療育もいらないかもと。
小川　検診とかはどうだったの？
山本　1歳半検診では何にも言われなくて。なんでやろうなーって思っていたけどスルー。3歳児検診でひっかかって。
小川　指差しとかできたんや？
山本　湊は指差しできた。蓮が診断を受けたときは、これからどうなっていくのか不安と心配で悩むことが多かったけど、湊は兄のことでいろいろ経験して、知識も得ていたから、診断を受けた時は、夫婦共々、素直に受け入れられたように思う。

2．「親はすっこんでろ」

小川　好きなことに関する情熱ってすごいよね。
平井　すごい。
松本　脳と手足が直結しているようなかんじで、気がついたら好きなもののある場所にお

と思う。

小川　もう全部チェックし終わって、「全部やったー！　嬉しい」ってなったあとで「俺、もしかして水飲んでなくない？」とか「バタン」みたいな感じでしょ。

平井　好きなイベントに「行くんだ！」ってなっているけど行き方はわかってないね。

松本　そこ、調べないの？

平井　時間がどれくらいかかるかとか、調べるのは苦手。プランニングできない。「これはこの時間で行ける？」とか聞いてくるよ。

小川　聞けるだけ、いいじゃん！

平井　最近、少し聞くようになった。時刻検索表を使わないで、グーグルの経路検索だけ使う。

小川　なんでそこにエキスパートとか使わないの？

平井　何回も言うけど、しない。経路検索だけ。

小川　でも調べるだけ偉いと思うで。

平井　どう乗り換えていくとかわかっていない。

小川　おもしろいね。

平井　おもしろくないけどおもしろいけど。

小川　困るの本人なんだよね。

平井　そういうふうに思えるようになってきたの、最近。だから今は放置やもん。あのね、小児科の先生が言っていた「親はすっこんでろ」って。その年齢に来たなって思う。
芦田　その年齢は、いくつくらい？
平井　先生が言うのは思春期。でも思春期って言っても精神的に幼いから、高校生くらいまでは口出さないとあかんなって私自身は思う。
小川　今、すみれが中2やけど、すっこんでるよ。
平井　すごい不安があって、結局それが行動に繋がらないから、背中を押してやらないと。
松本　うん、一応、もうそんな年齢じゃない。
平井　ないよね。「聞いたらいいやん！」と言うことは聞いてこない。相談してくれたら乗るのに。
小川　相談されたら聞くけど。でも、「あとは自分でよう考えてみて」って話したり、大人相手に話している感じになってくる。「先生に聞かなきゃ解決しないことを私に言って、どうするの？」とか。
平井　言いに来るだけいいやん。うち黙ってしまうから。
小川　そうなんや。
平井　うちはほとんど相談しない。

小川　そうやって黙ってるから、うまくいかへんのやろって話すことあるよ。「でも怖くて言えないんだよ」とかって言うね。結局、自分がやっぱり困ってるやんってなる。でも困らないとわかんない。結局困っているのに行動しないっていう。先延ばしにする。

平井　高校卒業まではなんとかもっていってあげないとあかんと思うから、そこはサポートして、助言して、背中を押してってしないとなって、ほったらかしていいのは卒業してからかな。実際はほったらかしにはできないけど。

小川　そうやんな。高校卒業できたら大人やもんな。いいなーそこまで来たら。

平井　楽になるよね。気持ち。

小川　だよね。

平井　「自分の責任だもんね。お母さん知らないよ」って言っている。

3．泣き続ける赤ちゃん

松本　独身の時から、1人で親の介護していて、結婚するつもりはなかった。本当は。でも、今の夫と出会って結婚して。叔母がたぶんガチのアスペルガーで、母親が重度の愛着障がいだったから、ずっと「子ども産んでいいのか」が根底にあったけど、認知症の親を見ていたら、孫は見せてあげたいって思った。私ひとりっ子やし。高齢出産なんですよ。結婚後、ずっとアレルギーの薬を飲んでいたので、1年ちょっと様子を見て、高齢出産で産んで、りおが今17歳女の子ですけど、分離不安がひどかった。小さい頃からとりあえず、もうずっとくっついて、本当に親亀の背中に子亀みたいな状態。で、新聞を取りに行けないっていう。

小川　そんなにひどかったの？

松本　かなりひどかった。その時に、通信教育で診療情報管理士の勉強をしていて、年に6日間スクーリングに行かないといけなくて、りおを生後8カ月の時に乳児院に2日だけ預けて、スクーリングに行ったんです。りおを離す時も離れず、2日間ずっと朝から夕方まで泣き通しでご飯も食べなかったらしい。なんかおかしいと思って周りの人とかに相談したら「赤ちゃんってそんなもんよ、お母さん大好きだから」と言われて、1人目やからわかれへんし、そんなもんかと思った。今から思ったらパニックがすごくて。でも私その時は癇癪やと思っていて、「この子癇癪持ちやわ」って。泣いたら1時間2時間、ずっと泣いているし、昼夜逆転がひどくて、昼寝6時間ぐらいして、明け方4時ぐらいまで寝ないっていう。寝かしつけを夜中の1時で区切って、夫と交代制にしました。夫が1時まであやして、1時になったら私が起きて交代して。抱っこしたら寝てるけど、熟睡してないから、ベッドに降ろしたら泣くからまた離陸みたいなっていうのが、3カ月ぐらい続いたのかな。赤ちゃんの頃から体幹がすごくいい子で、寝返りが生後2カ月。

小川　早っ！

松本　首が座る前に寝返りしちゃって、ずっと見てないとダメで。寝返りしたのが楽しくて、何回も寝返りしちゃうから。景色が変わるからかな。

小川　そうだね。

松本　歩いたのが9カ月。

小川　早っ！

松本　体幹が良いのは今もそうで。言葉は遅くはなかったんですけど、すごくおかしい言い方をして、例えば「パンをかじる」っていうのは「パンをかじりした」とか、「立てこもり」を「立てこもりした」とか、「5月の末日」を「5月最後の夜」とか、意味は通じるんだけれどもおかしいと思って、周りに相談しても「いや、大丈夫よ」って言われた。本当はその時に病院に連れて行けばよかったんだけど、私が周りの言葉に乗っちゃったのかな。大丈夫にしたかったのかもしれない。

平井　安心したいもんね。

松本　安心したかったかもしれない。親も介護していたし。親は施設には入っていたけど、肺炎もけっこう起こしていたし、私、子ども2人抱えて3回くらい親の付き添いで救急車に乗っているので、いつ「救急車で運ばれました」って電話がかかってくるかわからへんし。認知症やから急変っていうのはないけれども。私そっちもあったから、たぶん子どもは大丈夫にしたかったのかもしれない。

4．ママのしんどさ

平井　家にいたら、子どもを褒めてあげることない。
松本　だって、褒めることないもんな。
平井　ないもんね。「グリ下」とか、よく耐えていると思う。私だったら絶対に、わーって言っていると思う。またそこで解離を起こすと思うの。
松本　それでも、ビールの本数が増えたで。
皆　（笑）
平井　お酒を飲まへんから、発散するとこ喋るしかないのよ。たぶん子どもに聞こえているやろうけど、夫に話をしている。聞こえてもいいやと思って。本人のことだから。
小川　夫が話し相手になってくれるからいいよね。
平井　ちゃんと聞いてくれるから。その代わり、黙って聞いているけど。喋っているときは私も興奮しているから「子どもに聞こえてもいいや」と思ってて、めちゃくちゃ言ってるのも聞いてもらっている。でもそれで「気づけ」って「己を知れ」と思っているところがある。

小川 「己を知る」は、ほんまやで。己を知らないと始められへん。

平井 それくらい大変やねん。こっちは大変なんやでっていうことも知ってもらわないと、本人は大変やと思ってないもん。

松本 うちは思い知らせたらリストカットする。

平井 そうやね。すごい難しいね。

松本 リスカがピアスになって、めっちゃ耳に穴あいている。

平井 気持ちの不安定な状態が続いているから。だからうちも海斗が中学の時やったらさすがにそこまで言えなかった。あの解離が続いた時は。今は安定しているから。

5. 家と外の違い

松本 そうそう。私は上の子が小学校2年の時に、母が亡くなり子育てに集中することができたので、下の子にとっては割と良いタイミングだったのかも。今すごく思うのが、上の子は今荒れているからか、下の子はすごく育てやすい。でも、最終的に社会に出ていくとしたら、どっちが有利なんかな。たぶん下の子は親がいないと生きていけない。まだ中２やけど。上の子はいろいろ経験しているから何かあった時のつぶしがきくんじゃないかと。親から見た育てやすさと、実際に世の中に出た時の生きていく力とか違いあるんじゃないかな。

小川　男性とのさ、コミュニケーション力の差ってねえ。あの学校生活の中とかとまた違うじゃない。どれだけ年上に可愛がってもらえるかとかいうのもあるしさ。

松本　忠実に指示は受けれるけれども、自分で考えることはできない。

小川　ルーチンだったらできる。あと同い年じゃダメだけど、目上の人だと失敗しても「ごめんなさい」ってちゃんと言えるから可愛いねってなる。教えてもらえて、その仕事もできるっていう場合もあるし、やっぱ、学校生活とは違うよねって思うところがあるかな。家の中と全然違う。

平井　外でそんなに問題があるって言われない。

小川　うちも支援の先生に「できますよ」って言われたよ。実際は違ったけど。「できますよ」って言われたからボランティア活動始めたんだよ。

平井　外ではできるけど、家ではめちゃくちゃ。

小川　できているように見えているだけかもしれへんで。先生がどう見ているかによって違うから。

平井　今の先生も騙せているかな。

小川　騙せているって（笑）。でも家に帰ってきたときの荒れっぷりをこっちは見ているわけだから、そんだけ我慢しているのかと思うでしょう。

平井　家でできなかったら、外でできるわけないって思っちゃう。

小川　思っちゃうね。

平井　思っちゃうから、「そんなんしてたら外でできないよ」ってついつい言うけど、どうも外でそれは出てないらしい。

小川　保育園とか小学校の中ではルールをきちんと守れる。でも家に帰ってきたら守らない。「社会のルールはお外だけじゃなくて、家の中でも適用しますよ」って言ったことある。

平井　家の中、一切守らないよね。

小川　ほんと！「何を勘違いしているの？」って、「お外でするんだったら、きちんと家の中でも守ってくださいよ」って言ったら、1年くらいで身についた。

平井　いや。うち100回言っても同じことやらない。

小川　保育園の時からずっとしつこく言ってたから、それは何となく「しかたないな」的な感じで守るようになったんだと思う。

平井　何を言っても家の話は聞かない。もうシャットアウト。

小川　そうか〜。でもね、外でできないことは、家でもできない。
平井　そう。そう。そう。それはあるよね。
小川　外でできることをきいておくってすごく大事で。それを家の中に持ちこんで、家の中で一般化させる。生活は楽になるよね。

6．将来への不安

松本　将来への不安は、自立やね。
小川　自立だよね。これしかないよね。
山本　蓮はたぶん大丈夫だと思うけど、湊はどうなるか。支援学校に行って自立に向けて頑張っていて成長も感じるから、希望が持てるようになってきたかな。私たちがいなくなったあとが不安。親なき後、蓮に湊のことをまかせていいのか。兄弟関係をどうしたらいいのか悩む。
松本　親が死んだ後っていうのは永遠のテーマよね。みんな考えているし。
小川　何ができんの？って。
松本　どんな福祉があるかもよくわからない。
平井　すごいハードルも高いやん。

小川　そう。
平井　私らがいて、してあげれるならいいけど、死んだ後、それを自分たちでやっていかなあかん。
小川　書類を書けるのか、書類の内容を理解できるかとか。
松本　だって、療育手帳とか18歳超えたら、更新のお知らせ来ないでしょ。だから自分でやらないと。
小川　でも、介護ヘルパーに頼むと更新やってくれるよ。
松本　介護ヘルパーに頼める？　子どもが。
小川　だから18歳以上になると。
松本　ずっと？　いなくなった後も？
小川　頼める頼める。うち、ひまりは介護ヘルパー頼んでるよ。居宅介護。だって、できないんだから、それだけでも頼んでいたら、時期が来たらやってくれる。
芦田　みなさん手帳はとってるの？
小川　私は更新忘れました。
平井　海斗、陸斗が精神障害者保健福祉手帳。悠斗はなし。
山本　蓮は持ってない。湊は療育手帳。

松本　りおはなし、ゆなは療育手帳。
小川　私は精神障害者保健福祉手帳。
平井　精神は更新来ないもんね。自分でいかないと更新できない。

７．障がいの受容と福祉サービスを利用する難しさ

松本　手帳をとるのは親の「障がい」の受け入れの問題もあるし。
芦田　そうだね。
松本　だから前まで、福祉のサービス受けるっていうのがすごく抵抗があって今はないけど。親として福祉とかに頼るっていうのは、子どもを産んではいけないのに産んでしまったっていうのにつながってくるのじゃないかっていう、すごく極端な考えをすることがあって、人に、行政に頼ること自体が親として失格みたいな。
小川　そういう人、結構多い。
松本　すごい思う時があった。
小川　でもやることをきちんとやってみて無理だったんでしょうって。だから福祉があるんじゃないのかな。

松本　「産むべき覚悟がないのに産んだんじゃないか」とか。
小川　でも産んでみなきゃわかんないね。
平井　わかんないよね。
松本　でもそういうふうに思ってしまう。
小川　でもさ、昨今は自己責任とかいうのが大きいから、余計に思うんだって。そんなん産んでみなわからんし、みんな個々違うものだからヘルプ求めたってええやん。
松本　当然の権利だと思うんだけどね。
小川　その時はそう思っちゃうんだろうね。
松本　自分がダメだからだとか。
小川　やっぱりもっと頑張れるんじゃないかとかいろんなこと考えるんやろ。
松本　他の人ができているのに、何で？　自分は頑張れないのは努力が足りないんかとか、ワンオペで頑張っている人もおるのに自分は手伝ってもらってもダメなのは、これは自分がダメだからだ、みたいな。
小川　そうとは限らないよね。

8．同じ立場の親とつながること

芦田　その自己責任から抜け出せたきっかけとかある？
松本　こういう場とか。私がそれまで相談する人ってみんな定型発達の子の親ばかりで、「大丈夫よ、頑張っているから大丈夫」と言われても響かない。響かないし、自分がせっかく意を決して相談しても、「お母さんの考えすぎよ」って言われたら、すごく否定された気になって、もう言えなくなっちゃう。
小川　絶対違うって思ってんのに「大丈夫」って言われたら、それ以上相談なんかできないよね。
松本　「しっかりしてるよ。大丈夫よ」って言われて「考えすぎやで」って言われて。たぶん、向こうは慰めるつもりで言ってるんだけど。
小川　その慰めはいらん慰めやわ。
松本　ばっさり切り捨てられた気がして言えなくなっちゃって。で、こういう親の会をやってる時に「そうやね」って、同じ立場の親から喋ってくれて、意見を聞くことがすごく響くっていうか、ストーンって落ちたっていうか素直に聞ける。
小川　同じ苦しみを味わってるからね。

松本　そうそう、それで話をすることで気持ちがニュートラルな状態になっていて、アクセル全開だったのが、ちょっとブレーキを踏んで立ち止まることができて、冷静に周りを見て、視野が広がって。視野狭窄だったのがすごく広がって、いろんな情報も入ってくるし、情報が入ることで安心することもある。

小川　そうか、それはあるよね。

山本　親の会に入って、悩みは家庭によってさまざまだけど、話してもいい場所、聞いてくれる仲間がいるのは心強いなって思う。

松本　だから、同じ立場の親とつながることが、すごく大事やなって。

小川　親も本当はみんな言いたいけど、自分の子が世間からもしかしたら受け入れられないんじゃないかと思うと怖くて、カミングアウトはなかなかできない。でもたぶん、みんな違うところとか、みんなそれぞれ変わったところもあって、それを受け入れていく。そして、社会に出るために何が必要かを考える。その子を受け入れて「それでええやん、あなたのやり方、見つけよう」が先だよね。彼らの普通の世界、生まれてから普通の世界が、たまたま他の人の世界と被るところが少ないだけ。

９．子どもの進路

小川　すべてが将来の不安だよね。足りない部分をどうやって補いながら大きくなっていくのかって考えた時に、時間が足りないのよ。

平井　時間がないよ。

小川　そう1個ずつ経験していかないとわかんないから。

平井　18歳で大人だけど18歳で大人になれないから。経験が足りなさすぎる。

山本　湊も支援学校で、18歳までは学校にいけて、サポートもあるけど、卒業したらすぐ就労ってなる可能性がある。これだけ成長がゆっくりだってこと、みんなわかっているのに。だから、もう少しが学ぶ時間があってもいいのにと思う。

小川　だって、今でも精神年齢5歳とかだから、だいぶ足らないでしょ。

松本　今、親として準備してるものが、ほんまにこの子に対して将来のためになるのかわからない。

小川　わからなさすぎる。受験に対してもそう思ったもん。これ、ほんとにこのまま進めていいのかって。

松本　見通しが立たなさすぎるよね。

平井　子どもたちの意思が全然わかんないのに親が決めていかなくちゃいけないしんどさ。子どもの進路なんだけど、なぜか決めてるのは全部親っていう。

小川　中1の時に長女不登校で何も勉強しなくて、中2で復帰して、「やっぱり学校に行った方が勉強はわかるね」って言っていたのに全部赤点だったのね。興味のあるものに対しては猛烈に理解する。ユーチューブで化学の実験するチャンネルにハマって、そこから化学大好きになってね。私がアロマを使うことがよくあるから家にアロマの本があるんだけど、その本を読んで…調合みたいって思ったのかなぁ…「薬剤師になりたい」って言われて。今、中2で全部赤点やのに、薬剤師ですかと思って。

平井　できるんじゃないの？　やりたいと思ったら。

小川　いや、いや。まず中3までに公立高校に受かるだけの学力をつけなきゃいけない。無理やと思って家庭教師に薬剤師になる道はあるかって聞いたの。「とりあえず英語だけでも受かるところはあるから英語をがんばりましょう。英語をがんばって、そこそこの学校に入る。高校に入ったら3年を無駄にせず、コツコツ勉強してください。大学を受けるチャンスが出てきますから」って。でも関西で薬学部があるのって阪大か京大じゃないと思って。

松本　私立に行ったらすごい金かかっちゃうもんね。

10．子どもの結婚・妊娠・出産・子育て

松本　発達障がいでも自分で生計立てて結婚もしている人もいる。そういう人を見るとすごい勇気が出てくる。

山本　私は、結婚してもいいよと思っている。結婚となったら相手の家族に障がいのことを言わないといけないし、理解してくれるかな。

平井　子どもたちに「結婚していいよ」ってよう言わん。結婚せん方がいいって思っているから。だって、妻になる人がどれだけしんどいかがわかる。

小川　逆にうちは女の子だから、「家事ができなくてすいません」ってなる。もしも子どもができて、同じような特性を持っていたり、自分とは違う特性を持っていたりする子が生まれてくるかもしれないって考えたら、子育てできるのかなって思っちゃう。

平井　うちの子、絶対めんどうみない。

小川　できひん。私もう１回、孫育てするの？って思ったもん。

平井　女の子に負担がかかったらお嫁さんの親のとこに行く、うちじゃなくて。めっちゃ迷惑かけることになる。それはすごい嫌。

松本　絶対うちの子「子ども産まない」と言うから、全面的に応援します。

小川　うちの子も子ども絶対に産まないっていうから全面的に応援です。
保坂　子どもは産まないって言っているの？
松本　子どもは好きじゃないって。子どもはたまに見るからいいやって。
小川　赤ちゃんが予防接種の会場で泣いているとつられてみんな泣いているやん。あの現象が嫌って言って。「自分の子どもの泣き声に耐えられないってことやんな」って言ったら「そういうこと」って言ったから、「じゃあいいんじゃない」って。
松本　ちっちゃい子はいいな。たまに見るからいいよ。
小川　たまに見るからいいよね。長女の選択は「痛いんでしょっ」て質問からお察しで、やっぱり痛いのが嫌。
皆　あー。
平井　大変さも想像できないでしょ？
小川　できない。
平井　どれだけ子育て大変か。
小川　でも「自分たちのことを考えると大変だったと思う」って言うよ。
平井　そこまでわかってたらいいやん。

11. 親も傷つくこともある

平井　うちも海斗が何やっているかわからへん。
松本　うちもなんか、究極のグレーやから。やっぱりそういうとこに落ちやすいかなみたいな。だから、社会適応できなかったんだよね、たぶん。
小川　これからだよね。これから、一番狭間に落ちやすい時期。
松本　だから、「グリ下」に行ったらそういう子がいっぱいいる。
小川　そこに気が付いたっていうのがね。
松本　前ね、えっと、名古屋と横浜にも同じよう場所があって、たしか解散なっちゃって。そこはなくなっちゃったんだけど、うちの夫は「今、『グリ下』があるからまだいい、良くないけど、まだどこにいるかってわかるけど、『グリ下』がなくなったら、あいつどこ行くかわからへんで」って。居場所を見つけるために。
小川　あちこち点々とされたら、わからなくなっちゃうよね。
松本　それもう全然ありえる。まだ居場所がわかるから、「グリ下」が解散になったらちょっとわからんな。
平井　大阪府警本部が出てきたらね。

松本　警察に補導されたり、何かこう、自分がすごい、怒られる立場が悪くなるってなったら、すごい体調不良とかを全面に出してくる。お腹が痛いとか、頭が痛いとか言ってくる。そしたら、体調不良やったらしょうがないね、みたいな感じになるから。

小川　その成功体験がいっぱいあるんだよね。

保坂　そういうときは本当に体調不良になっている?

平井　わからない。

小川　具合悪いかもしれない。

平井　うん、でも、次の瞬間、怒られないと思ったら、めっちゃ元気なってる。

小川　あれ、君の本当の気持ちはどこ行っちゃった?っていうのが。

芦田　その嘘の中全部が嘘ってわけではなくて、たぶんところどころに本当が散りばめられている。

松本　子どものことを信じない方が楽よね。

平井　うん。海斗、頑張っているけど、今おとなしくなったけど、言うてることは信じていない。うんうんうんって聞いてはいるけど。

松本　病院の先生とか子どもを信じなさいって言うけど、信じて傷つくぐらいやったら最初から信用しないで、「やっぱりそうや」って思う方が楽や。

平井　私らが自衛しているねんな。
小川　そうそう人間ですから。先生は簡単に「信じなさい」って言えていいよねって思う。
松本　なかなかのガラスのハートやな、私ら。
平井　うん。でも子どもには「ママは、アイアンハートやで」って言っている。鉄のハートで子ども守るために何でも言うたる。
小川　子どももさ、何かあった時は親が学校に来て、必ず文句をいってくれると思ってるから「ママの心臓は毛が生えてるよね」と勝手に思っているけど、そんなことはない。実はそうじゃないんだけど子どものためにそう振る舞っているだけで、傷つきますよ。だから具合悪くなっているやん。
山本　学校に話す時って、要望が多いから、どうやって伝えたらいいか考えて、考えすぎて神経すりへらす。しんどい話をしていても、顔は笑顔やから、疲れる。
松本　なかなかね。なかなか刺激的よ。
小川　刺激すごいね。

12. ショックな時

芦田　すごくショックな時はどうしているの？

松本　ペットをなでて、とりあえず寝ようって。私は寝たらリセットするって決めていて、寝たら冷静になれるから大丈夫。寝たら冷静になれるから、とりあえず寝ようと思って寝て起きてもやっぱりりりおは帰ってなくて、ああやっぱりいないわって。以前、警察に補導されて迎えに行った時は、何も考えられへんかったけど、一晩寝たらだいぶちょっと冷静になって。話せる人には話をして、冷静になるっていうか、落ち着くまで考えないようにする。そしたら日常のことが忙しいから、それに気を取られて、だんだん客観的になっていく。自分自身が仕事に行ったりして、他の子たち見ていたら忘れられるでしょ。ちょっとの間、うちの子のこと、まあ片隅にはあるけど、そしたらどんどん冷静になっていって、それで考えられるようになって、今はこうやけど、この先、気を付けなさいって、何を伝えたらいいかとか、相談した方がいいのかとか、だいぶ視野を広げて考えられるようにはなるかな。私はね。

保坂　その時に話ができると、違いますか？

松本　まあ全然違いますね。話すことで、自分が1回クールダウンできる。このメンバーには話せる。今のこともこのメンバーに話をするけど、それ以外には話しにくい。なんでかと

郵 便 は が き

恐れいりますが、
切手を
お貼り願います。

5 5 3-0 0 0 6

大阪市福島区吉野
3-2-35

日本機関紙
出版センター行き

【購読申込書】

＊以下を小社刊行図書のご注文にご利用ください。

[書名] [部数]

[書名] [部数]

[お名前]

[送り先]

[電話]

ご購読、誠にありがとうございました。
ぜひ、ご意見、ご感想をお聞かせください。

[お名前]

[ご住所]

[電話]

[E-mail]

①お読みいただいた書名

②ご意見、ご感想をお書きください

＊お寄せ頂いたご意見、ご感想は小社ホームページなどに紹介させて頂く場合がございます。ご了承ください。

ありがとうございました。

日本機関紙出版センター　でんわ 06-6465-1254　FAX 06-6465-1255

言ったら、特性持ちの親同士で、いろいろお互い知っているから、そういう仲間がすごい大切。自分が冷静になれるって意味でね。

平井　子どもにも冷静になれる、そういう仲間ができてくれたらいいなって。

松本　そうよね。

平井　ニセの姿しか見せてないもんね。「グリ下」ではね。

松本　本当に自作自演って感じ。

平井　それを舐め合ってってていうたら変やけどね。

松本　みんな自分自身をプロデュースしてやってくるから、こういう自分っていうのね。

平井　ほんまの自分を見せられる関係があったらいいよね。

小川　でもそれって彼氏、彼女の関係とかであったりとかするんだと思うんだけど。グリ下の仲間同士で付き合ったらそうならないね。

松本　ならないね。だって、本名だってよくわからない同士で付き合ったりとか。

小川　なんで付き合うことになるのか不思議やけど。そうなる。

松本　なんで名前も知らない人を好きになれるんだろうっていうのが、私はその背景にどんなんがあるのか知りたいかな。

13．嬉しいこと

芦田　嬉しいことも聞いていいですか？

松本　学校のクラスの友達にうちの子といたら癒されるって言われた。

山本　最近、バス停と自宅の間を1人で通えるかっていうので、特別支援学校の先生が見てくれて。行きも帰りも。自分でバス停まで行けるのがすごくうれしそうだったから。最近、自分でいろいろやりたいっていう気持ちが芽生えてきて、自立につながっているなと、ちゃんと成長しているなと、こちらもうれしくなる。

平井　そういう生活自立はやっぱり特別支援学校は教えてくれるんだね。

山本　そうやね。今、帰ったら必ず先生に電話するっていうのを続けている。

松本　すごい。

山本　無事に帰れたかどうかだけやけど、ちゃんと先生に電話するっていう。

平井　電話の練習になるもんね。

山本　電話のかけ方と電話で喋る内容。「中学部の山本です。○○先生お願いします」って敬語しゃべっているのに驚き！　先生に教えてもらって、ちゃんとできるようになっている。勉強も大事だけど、生活に必要なこと、教えてもらえるのはありがたい。教えて終わりじゃなくて、経験することが必要だからね。

小川　こうなると特別支援学校の地位が高くなるよね。

山本　勉強は確かに少ないけど、自立活動っていうのが多くて、掃除のやり方、身だしなみなど、生活に直結することが学べる。

平井　なかなか家ではね。

山本　やらない。特別支援学校は人数が少ないから、手厚い。生活自立を目指すとしたら、特別支援学校かな。勉強して高校に進学するなら公立中学かな。

松本　将来どうなってほしいかっていう未来像から、逆算してどこの学校に入れるかを考えないといけないから難しいね。その答えが合っているかどうか、ほんまにそれが良かったのかっていう答え合わせができないっていうのがね。

小川　どれを選択しても、絶対後悔すると言われたことあるわ。

松本　今のうちの子も最善なのか？

小川　それだったらうちの下の子も3年引きこもっているけど良かったのかなって。

平井　海斗は、3年間中学行かなくてもよかったかなって思えてる。

小川　ほんと？

平井　無理だったからね。あの時は「行け！」って思っていたけど、今思えば、あれはあれで仕方なかった。あとで振り返ってみれば、あの時はこれで良かったなと。

山本 やっぱり普通に地域の小学校に行っていたけど、その間に私、2回、支援学校の小学部に見学に行っていて。ほんとに小学校は行き渋りの時期があったし、今は中学から支援学校でよかった。

松本 高学年になったら行けたもんね。

山本 なぜ行けるようになったのか、高学年になったら行き始めて。行けなくなる子が多いって聞いていたけど、逆に行けるようになったからね。

小川 本当だよね。そういうパターンもあるんだな。

平井 周りの環境と人の理解よね。環境調整がうまくいったということ。

小川 環境調整ができれば行けるんだよね。

松本 それを先生が理解しないから。

平井 手が足りないしね。先生もね。

小川 周りの子のことはコントロールできないから、環境調整がまだ難しいじゃない。

14. 子どもの成長

小川　自信がなかった子が、ちょっと自信持ってきた時の様子を見られるのが、すごい幸せって思う。なんか自信ついてきたんだって、1人でできるかもって立ち上がろうとしているっていうのが見えてきたときって、自分の子だとなかなか見えないけど、幸せな感じがする。

平井　うれしいことって、何年か前を振り返った時、めっちゃ成長しているとか、めっちゃできるようになったなとか。思わぬ優しさを発揮してきた時とかはあるわ。

松本　最近、ゆなが学校便りを持って帰ってきて、HSC（ハイリーセンシティブチャイルド）のことも書いていて、下の子にこれ読んでごらんって言ったら、読んで「私のことじゃん、私のことが書いている」って。「ドラマを見て気持ちが入りすぎて泣いちゃったり、しんどくなったりってことは、あんまりなくて、ここに書いていることは全部当てはまらないけど。誰かが怒られたら自分が怒られている気になって、悲しくなってその場にいられなくなるっていうのは、私はすごくよくわかる。私よりしんどいHSCの人が実はいっぱいいるってわかって、私は何にもできないけど、覚えるのが苦手だし、勉強することは好きだけど、点数は取れないし、みんなよりできないことも多いけど、私はこういう人の気持ちに寄り添うことができる」って言った時、成長したなと思った。

小川　成長したね。

松本　「私はこの人たちの気持ちがよくわかる」って、「私より大変な気持ちっていうの、本当に大変な思いしてるってのがわかるから、私はこの人の気持ちがよくわかるし、出会ったらお話をしてみたい」と言ったときは成長したなと思った。

小川　すごいな。

松本　その学校便りをデスクマットの中に入れている。

小川　うちの下の子なんかはどっちかって言うと、なんかあったら一緒に立ち向かう。最近学校行けなくなっちゃった幼馴染がいて、その子がなぜか知らないけど、私に話があるって言って電話をかけてきて、私が出たら「こんなことがあって」って相談してくるようになって。1カ月学校を休んでいて、ずっと遊びに来たりとか泊まりに来たりしいてるけれど、ひまりが、その子が学校に行かれないのをすごい気にしてるんだよね。彼女が頑張って学校に行くんだったら、やっぱり友達なんだから一緒に行って励ましてあげなきゃいけないからって、学校に一緒に行くんですよ。自分はもうずっと学校に通えてなかったのに、4時間とか学校にいるのね。

平井　何かがあると頑張れるんだよね。スイッチが入るっていうか。

松本　自分のためには頑張れないけど、人のためには頑張れる。

小川　でも、「まず自分のことをやろう」っていうのはできない。

松本　人の役に立ちたいっていう気持ちが、人よりも強いと思う。

小川　できない自分を知っているから余計にそこのところが強いよね。

松本　自分も役に立てるっていうことを実感したいんだろうね。下の子は道に落ちていたゴミ拾って学校行くもんね。「偉いね。ゴミ拾ってくれたね」って言われるのがうれしい。

小川　落とし物も絶対に拾って落としましたよって声かけるし。自分の子を見てると、あれは偽善じゃないかなって思えて仕方ないんだよね。自分に自信がないことを知っているから、感謝されたくてやっているように見えるんだよ。感謝される姿はやっぱりうれしそうだし、こっちもうれしくなるけど、自信のなさが見えたりするよなっていうのは気になっちゃう。

コラム②　向き合う気持ちの裏返し

昔、自分の子のことがすごく嫌いになるときがあって、すごく悩んだ。嫌悪感を感じるくらいで、子どもの顔を見たら吐きそうになって、それは親以前に人としてダメやと思っていました。でも嫌いな気持ちは止められないし、触られたくもないっていうのが、今はないけど、一時ずっとあったんです。同じ空気を吸うのも嫌なぐらい嫌いになるときがありました。それを誰にも相談できないから、ネットで同じような悩みを検索したんですよ。そしたら「親失格」「子どもが可哀想」とかコメントがいっぱいで、それ見てますます落ち込みました。

ある日ふと思ったのがなんでこんな嫌いになるんやろって。それって良いように言ったら自分が一生懸命この子と向き合おうとして、うまくいかない連続で心が、疲れてしまっているからじゃないかと思って。ちょっと距離を置くようになったら、やっぱり少しずつ冷静になれた。自分の心が不健康やから、それがこの子が嫌いっていうサインになって出てきたのかもしれないって思った。自分が落ち着いたら、嫌いっていう気持ちが薄れていった。「子どもを嫌いになる」っていう話はよく聞くんだけども、それは人間失格とか親失格じゃなくて、一生懸命向き合ってるからこその気持ちの裏返しなんちゃうかなって思いました。

第3章

必要な支援

『りんごの絵』
筆圧の加減が難しいため、絵具だと上手く色塗りができませんでした。

好きな絵を描き始めて５年後、色鉛筆にチャレンジすると同時に画力も上がり、上手く色も塗れるようになりました。（ゆな　中3）

第3章では発達障がいのある子どもたちにとって、どのような支援があれば生きていきやすくなるかを考えます。

1．幼少期

松本　私立の幼稚園に行ってたんですけど、行ってる時に発達障がいがわかって、でも私その時は療育手帳って知らなかったから、全然取らなくって。親の会で養育手帳が知的障がいは取れるよって教えてもらって、それで初めて取りに行ったのが小学校2年生の時かな。診断を出した時に教えてほしい。でも幼稚園は退園になるのかなと思ったら、幼稚園の先生が「最後まで見ますから」と園長先生が言ってくださって、卒園まで見てもらって。小学校は支援学級に入っていたんですけど、就学前に大学病院の先生に、この子は「支援学校に行った方がいい」っていうので「なんでですか」って聞いたら「勉強についていけなくなって、多分不登校になってしまうから支援学校がいい」って言われて。大急ぎで支援学校見学に行ったのが10月だったんですよ。11月の終わりまでにどっちに行くかの返事を出さないといけないから、大急ぎで行って。いろいろ見学させてもらって体験授業もさせてもらって。4回ぐらい行ったのかな。

小川　4回も行ったの？

松本　で、夫と考えて、支援学校の良いところ、地域の小学校の良いところ全部書き出して、メリットとデメリットを全部書き出してみて、地域の小学校に行かせようと。支援学校に行ってしまったら、地域の小学校に学習面で戻るのは難しい。でも、地域の小学校から支援学校には行くのは行ける。難しいほうから行こうと。やっぱり算数はくり上がりの足し算とかに詰まっちゃったんですけど、その時の支援学級の先生がずっとお残りのお勉強してくれて、そこで勉強が理解できるっていう楽しさを見出して。今も支援学級ですけど、数学とかは平均点超える時がある。知的障がいがあるのに。すごい頑張り屋さんだからね。早く診断を受ける受けないで上の子と下の子とこんなに違いがあるんか。やっぱり早期診断、早期発見っていうのはすごい大事やな。後々まで響いてくる。

2．叶わない支援

松本　支援が必要な子を認めてクラスの中で育てていくんだったらいいけど、「我慢しなさい」とか、「今そんなことをする時間じゃありません」とか。その子の物差しをへし折ってまでも通常のやり方を押し付けるから、さらにしんどくなる。

小川 投げやりにもなっちゃうし、周りの子は、「あの子いつも言われてる」ってなるし。

松本 そうするといじめにつながる。

小川 クラスの半分がそう。

芦田 そのほとんどの親は気づいていないの？

松本 親が気づいて、支援学級に入れたいって言っても、校長先生がそれを止めるケースもあるから。

小川 絶対必要な子でも止めるケースがあるよね。

平井 学校って支援学級の人数決めているの？

小川 うちの市では決めてないよ。市の方針としては親が望んだら絶対に支援学級に入れる。

松本 今の3年、4年やったかな。支援学級在籍希望がすごく多くて。支援学級の先生が一人ひとり支援学級在籍希望の親と面接して、10人以上いたのかな。その中から先生と話し合って、支援学級勝ち取ったのが3人。

芦田 支援学級を勝ち取れなかった子どもたちは？

松本 普通学級で学習している。

小川 おかしいよね。支援学級かどうか決めるのは当人のはず。

芦田 親は希望しているんでしょう？

小川　なんで周りの人がいらないっていうの？　理解できない。
松本　今の2年生で来年度に支援学級在籍希望者がどっさり出てきたって。今4クラスやけど、それを全部のんだら3クラスに縮小になる。たぶん、面接あるんじゃないかな。
小川　考えないと。困っている子は困っているから支援学級が必要なんだよ。
芦田　ほんとそれだけの話やね。
小川　でも、困っていることに気づいてないけど、困っていることいっぱいあるケースがあるんですよね。明らかに困っているものだっていう前提でフォローする人が入ってたら、いつ困り感を感じ始めてもサポートできるんですよ。だから、どこでつまずくかわからないから、心のケアをする先生が何人かいて、プラスで教壇に立って教える先生がいるっていう形をとればいいのになって思います。
松本　でも先生の人数が足らないし。
平井　先生の人数そんなに少ない？
松本　少ない。だって私ら有償ボランティアが支援の先生と同じ仕事させられてるもんね。無理やよ。
小川　支援学級の先生が育休取って、代わりに私らが突っ込まれる。割に合わないよね。
松本　朝、学校に行って、「今日どこのクラス行ったらいいですか？」「今日は支援の先生が休みだから、その先生が入るクラスに行ってくれる？」って言って、「それ学習支援ですか」って言ったら「そうだね」って。

小川　えーーー。私の場合はAちゃんが来たからって言って、今まで入っている教室から、わざわざ校長先生が来て連れていかれるんだから。

松本　あったね。あったね。

3．支援学級の先生

保坂　支援学級の先生だからって、支援の対応できる人ばかりかって言ったら…。

松本　違う！

平井　できない人の方が多いよね。

小川　支援学級の先生だからいいかってわけではない。全然違う。子どもが信用できる先生かどうかが大事だよね。

山本　うちの子どもたちは、良い先生だったなと思う。支援の対応ができる先生だったと思う。うちの子にとったら良い先生でも、ほかの子にも合うのかな？　相性もあるとも思う。

松本　5年生の男の子で、チックで頭をふりまくってる子がいるけど、先生気づいてなかったって。支援の先生も。
平井　見えてないしな。
松本　去年まで支援学級の先生で、退職して今年前中だけ来てる先生に「チックじゃない？」って言ったら「え、そう？」って。「首ふっているよね」「え？　ふってたっけ？」みたいな。
芦田　見えないんかな？
松本　見えてないの。すごい、ふっているのに。
平井　見えないんだろうね。
芦田　なんで見えないんだろうね。
松本　頷くていで、一緒に頭をふってる。気づかれないように。
小川　そういう子どもたちと一緒にいる仲間も同じように特性を持っている子が多いよね。自分の身体をむしったりとか、マジックで腕にいたずら書きまくっていたりとか、常に爪をかみまくって血が出ていたり、いっぱいいる。そういう子が。
松本　でも気づいてないよね。わたしは、血が出ていたらだまって絆創膏を差し出す。
芦田　なんか、そういう子にどういう関わりがあったら理想的だと思う？
小川　普通に、「血がでているから絆創膏あげるわ」でいいんじゃない。

松本　特別扱いしない先生。

平井　中学校みたいにクラスに副担任がいるとベストやな。支援だとその時間割しか入ってこないけど。担任プラス副担任がいると。

小川　副担任だと、ずっといなきゃいけないから、また一緒に見えなくなっちゃうかも。

平井　もっと先生がたくさんいれば。

芦田　やっぱ1人の先生が見る量が多いんだね。

小川　クラスに6列あって、1列ごとに1人先生がついて、後ろからローラー作戦でプリント学習を見ていったことがあって。でもそれ時間ギリギリだったのよ。問題が解けない子がいたら止まって教えるってしてると、1時間の間に対応しきれないくらいつまずく子がいるのね。その学年の子たちは、性格はすごく豊かでいい子たちに育ったけど、勉強は厳しい子が多かったなぁ。

4．自己肯定感をあげてくれる先生

小川　印象深い年度の子たちがいて、その子たちが一年生の時に私が見た感じだと、特性の強い子が非常に多くて、この子たち大丈夫かなっていうぐらいしんどかったのね。その子たちが4年生の時に、すごい自己肯定感をあげるのがうまい先生が来て、ぐっと持ち上げて、そのまま5年生にひきついでくれたってことがあってね。良い先生に当たったから伸びたよね。

松本　めっちゃええ先生やね。

小川　自己肯定感を持ちあげるのはピカイチ。

保坂　学力は？

小川　学力は、跳ね上がんない。

松本　学力は上がらないけど、人と協力するとか社会で必要な力はつく。

小川　学力が低くてもバカにされない。

松本　できる子が自然と教えてあげるような環境。

小川　それが悪いことではない。できるんだから教えてあげるし。担任の先生は、人権を踏みにじるのは絶対に許さないというけれど、ちょっと的外れなこと言っても「面白いやん、その考え方」って言って、授業進めてくれるからミスじゃない。

松本　勉強ができなくても、「今まで本気でやってへんかったやろう」ということでのびしろがある、ということや。だからできる子に教えてもらう。

平井　うちの小学校がそうやった。授業で問題ができた子から立ち歩いて、できない子のところに行って、子どもが子どもを教える。

小川 それも問題があるかなって思う時がある。先生次第。先生がどう指示して先生役をやらせるか。いつも必ず最後に取り囲まれる子が決まっているんですよね。

平井 そこまでみんな立たないよ。できた子でもじっとしている子はじっとしているし。5、6人だけ「わかった? わかった?」って聞いて歩く。

保坂 先生がどうまとめるか?

小川 先生次第だろうなって思う。1年生の時から、「できる子ができてない子を見てあげる」って形を作って、いつも最後まで教えられる側に回っている子がいたら、ちょっと怖いかな。もうカーストができてしまうなと思った。やめた方がいいなっていうのは思った。3、4年になってきたら話が違ってきて、言い方次第で子どもの解釈が変わってくる。その子の良いところを勉強の出来だけで測らなくなってくるしね。

松本 先生ができる子を日替わりで指定して、前に出させて、プリントの丸つけをさせてるのはあった。でも決まったメンバーじゃなくて、日替わりで替わっている。固定メンバーじゃない。絶対。

小川 固定にしちゃえば「この子たちはできる子」ってなっちゃう。

松本 例えば、算数でも九九が得意な子とか割り算得意な子と、分数が得意な子と、やっぱりちょっと差が出てくるから、そこでその分野で得意な子を前に出させて。

平井　うまいなー。

小川　これ分からなかったらアリーナ席にご招待って、席を移動して先生が直接みられるようにする先生がいたんだけど、言い方も面白くて特別感があったんだよね。絶対に行きたくない席なのに、アリーナに行きたい子がいるんだもん。その先生が授業をすると。

平井　前の方の席ってこと？

小川　そう。

松本　先生の指導ですごくうまいって思ったのが、土の中の蟻の巣を描くっていうのが1年生であって、みんな蟻の巣を描いて、蟻の巣がいっぱいあってっていう。みんな展示で並べて、先生がちょっと手を加えて、全員の巣がみんな繋がっているようになって。あれ、実は子どもが見つけて、みんなの巣が繋がっているっていうので、一体感が出て、ぐっとまとまった。みんなが一つの巣になっている。それがすごい良かった。うまいなーって思った。

小川　うまい先生はうまいよね。

松本　自然にするからね。

小川　いいタイミングで子どもも気がつく。

松本　みつけた子がちょっとヒーローみたい。

小川　可愛いよね。

5．忘れてしまうことへの先生のフォロー

松本　うちの子は怖い夢を見てもなんかすごい怖かったけど、内容は忘れちゃったみたいな。
小川　いいなー。
松本　なんだっけ？　みたいな。
小川　ワーキングメモリーってどれくらい？
松本　うちの子は60くらい。次から次へと忘れている。すごいスピードやで。
小川　うちの子は忘れることもショックみたいやで。
松本　それは言っていた。クラスの友達の名前覚えたいのに全然覚えられないって。誰かわからなくて名前を聞いてしまってすごく失礼なことをしてしまったって。
小川　わかってるんやね。
松本　「覚えられないんだよね」って言ったら、クラスの子に「そんなん知らんし」とか、「ちゃんと覚えたらいいだけの話や」とか言われて、悲しいようで。「なんで覚えられへんの？」と言われるのがすごく悲しいらしい。

小川　そういう周りの態度に傷つくのってけっこうあるよね。そういうのって先生が現場にいたら、「それがしたくてもできない人がいるんだよ」っていう声かけができるじゃないですか。でもそれをしない先生がすごく多い。見ているのに介入しない。なんでそこで介入しないんだろうって不思議に思うよね。小学校はまだ介入しているけど、中学校だと更に介入しないし。もうちょっと、支援学級に入っている子に対してフォローしてほしいのはあるかな。

芦田　先生が理解できてないから必要性もわからないし、やるのが自分やっていうこともたぶん思ってないよね。

松本　すごく差があるよね。すごく熱心に勉強している先生もいるし、そこまで手が回らなくて勉強できない先生もいるし。理解がない先生に限って教室に支援の先生が入るのを嫌がる。でも心のサポーターは絶対に必要やと思う。小学校から支援をいれていれば、中学では必要なくなるかもだし、みんなもその子はそういうものなんだってわかる。

平井　ある中学校のスクールカウンセラーの先生も、教室を見回る時にチラっと覗いたらピシャッと閉める先生がいるって言っていた。

小川　絶対にいるよね。

平井　見られたくないって。中で何してるの？って思うけど、ガラって開けられへんし、そういう先生もいる。

小川　見本になるべき人だから。もうちょっとなんとかならないのって思う。

松本　公立の先生とか異動が多いから、どんどん変わっていくし、校長先生が変わったら他の先生も全然変わるもんね。

6．先生の対応

小川　今まで良かったことが急にダメになって、それが子どもにとっては納得いかない。

松本　良いところはちゃんと継承してほしい。

小川　かわいそう。裏切られたみたい。

松本　子どもにとって去年と今年と全然環境が変わるって。たぶん、定型発達の子でもしんどいのに支援学級の子はついていけない。

小川　闘ってくれる親ならいいけど、「先生の言うこと聞きなさい」って親だと。

松本　「しょうがないでしょう。変わったんだったら」みたいな。

小川　気づいていない親だったら言うよね。

芦田　そりゃ言うよね。

松本　「我慢するしかないでしょ」

小川　「慣れなさい」。でも、当人には厳しいよね。それを考えると、どんな子でも同じだけど。

芦田　絶対的に先生が少ない？

小川　少ない。

松本　あるところでは支援の先生が1年から6年まで全員が全部の学年を回る。全部の学年を回って支援会議の時に意見を出し合う。この子はこういう対応だったとか。みんな全員の学年と支援学級の子を知っているから、すごくそこでお互いフォローはできる。うちは、先生が担当する学年が決まっていて1、2年しか持ってなかったから、高学年はわからない。全部の学年を支援全部の先生が見るっていうのがいいなと思って。どの先生に言っても話が通じる。

小川　あれ、おかしいって思ったのに、声かけられなかったら意味ないもんね。

芦田　そうやね。

松本　例えばみんな知っているから髪切っただけでも「髪切った？」っていろんな先生に言ってもらえるのは、やっぱりうれしい。

小川　それはそうだと思う。

保坂　それって先生の人数じゃなくて先生の連携？　どこまで先生同士の信頼が学校内でで

きているかだと思います。

松本　あの支援はいいなと思ったけどね。

小川　それやられたら困る先生がいっぱいいるんだろう。

松本　大変と思うよ。だって、その学校全員の支援学級の子の顔と名前と特性を全部知らないといけないから、それは先生たち大変。

小川　時間かかるよね。絶対ね。でも1周しちゃうと新しい子だけ覚えればいいじゃん。

松本　先生も言っているけど新しく来た先生はすごい大変そう。

小川　それは大変だと思う。

松本　全部覚えないとあかん。

7. 支援が必要な子

小川　絶対に支援が必要やろう?って思う子どもでも、「その子支援学級じゃないんです」って言われること多い。

芦田　漏れているってこと?

小川　漏れじゃないですね。親御さんが子どもの困り感に気が付いていないのか、支援学級に入れることが嫌なのか。でも、困り感がある子の中で、支援に入っている子よりも支援に入ってない子の方が目立っている。だいぶ困っているから。

松本　支援に入っている子は親が認めているし、親や子どもに安定感が出てくる。子どもも自己理解が進んで。でも支援に入ってない子っていうのは親もわからないし、子どもは困っているんだけど、うまく困っていることを口に出せないし、口に出しても「あんたの頑張りが足らんからやろ」って言われるし。

小川　言われるから、ストレスだけがたまってくる。

松本　ストレス溜まると特性も強く出てきちゃう。

小川　そういうところ、わかりやすいよね。

芦田　そういうケースをいっぱい目にするわけ？

小川　16人ぐらい。

芦田　１クラス？　１クラス何人だっけ？

小川　１クラスは37人くらいかな。半分弱くらい。去年計算してそれくらいだった。発達障がいばかりじゃなくて愛着障がいなんかもあるんだろうけど、とにかく何かしら困り感がある。気になる子は16人。

松本　朝、今日はどこのクラスに行くってって教えてもらうでしょう。よし、２時間目は気合い入れて行こうか！とか。

小川 知っている人同士だから、「昨日、そのクラスに入ってこうやったから、誰々ちょっと注意して」って共有しておくと楽。

松本 それって、あくまでも個人的関係性の中でやっているだけで、組織としてその共有ができているわけではない。

小川 そう、知り合いだからできる。

松本 先生に言ったら、余計な仕事増やしてと思う先生もいるだろうね。

小川 気づいてなかったのに、あの子もチェックしないといけないってなるから、でも、みんな同じ子どもやん。

松本 だから気になる子がしゅんとしてたら「明日、小川先生来るから大丈夫やで」って言って、小川先生には「約束したからその子のところに行っといて」とか言ってる。

小川 「松本先生ならわかってくれるよ」とか。

松本 そう、お互い勝手に言ったりする。

小川 わかるもんね。違うクラスに入ることもある。

松本 「お邪魔します」みたいな。

小川 机の名前を見て、この子ねとか。学年が上がってクラスが変わってもわかる。

保坂　中学校にもありますか？

松本　中学校もあります。学校によってボランティアの使い方が違うから、私らはこうやって学習支援に入っているけど、他の学校は、例えばトイレの消毒とか、共有部分の消毒とか。

保坂　ボランティアで入っても、何に使われるかわからないのか。

小川　一応、学習保障だけど学生さんがメインでボランティアとして入っているかな。学習保障がメインってことにはなっているんだけど不登校対応かもしれないし、学級崩壊しているクラス対応になるかもしれない。1対1のサポートかもしれないし、私たちみたいに全学年に放浪の旅に出さされるかもしれない。学校によって違う。

松本　私らの小学校は、例えば学校でもトップ5に入るぐらいしんどい子の対応させる。でも、他の小学校で聞いた話は、そのしんどい子は支援の先生が見て、なんとなくふんわり見といてねっていうところに、ボランティアを行かせる。

小川　普通だよねえ。でも、私たちはしんどい子を担当するよな。

松本　ここ2時間連続ですか？みたいな。

芦田　完全に戦力として期待されているね。

8．先生へのフォロー

小川　逆に支援学級の先生が相談しに来るから。先生がしたい支援が合っているか間違っているかとか。「私はこう思う」しか言えない。「私が知っているケースだとこうだけど、そうとは限らない」としか言えないから。でも「卒業してもあの子の未来があるから、先生がおっしゃるように、将来のこと考えて支援された方がいいんじゃないですか」っていう話を1時間することとある。

保坂　その調子だと支援の先生の相談先がない？

小川　ないです、はい。

松本　私、この間、手足口病、見つけたよ。

小川　まじか?!

松本　「なんか手にぶつぶつできてへん?」「足もできてるねん」「もしかして、口の中にもできていない?」「1個できてる、痛い」「ちょっと前に熱出た?」「一昨日熱出たかな」、「それ誰かに言った?」「先生に言ってない」「ぶつぶつできてるって先生に言われた?」「言われてない」って、担任の先生に「あの子ぶつぶつできてますけど」って言ったら、担任の先生がその子に「見せて。保健室に行こう」って。

芦田　手足口病って感染症？
小川　感染症。
芦田　えらいことやん。
松本　2日後に行ったら休んでたから、そうじゃないかな。熱が出たって言って、病院行ったか聞いたら行ってないって。
小川　病院に連れていってもらえない子が多いもんね。
平井　働いていたら行けないよね。
小川　私たちの行けないとまた違うよ。
平井　私たちは病院を選ばないといけない。

9．切れ目のない支援

芦田　どういうサポートがあったらうれしい？　子どもだけじゃなくても、その家族に対して母親でも父親でも。
松本　ちっちゃい時からずっと継続したサポートがほしい。ぶつ切りにならない。
小川　縦断的支援っていうか、横断的だと困る。ずっと同じ人が見てくれたらと思うけど。

松本　見ないとわからない特性とかあるでしょ。言ってもなかなか伝わらんけど。発達障がいをわかってもらうまではしんどい。

小川　時間かかるもんね。課題となる行動が出るその瞬間に立ち会えるかどうか親だっていつだかわからない。

松本　1学期くらいつき合ってようやくなんとなく見えてきましたって感じやんね。

小川　見どころの悪い人は全部見落としてくれるので。

松本　つながる支援がほしい。

山本　支援級の担任が、1年ごとに代わると、引継ぎはあるものの、一から説明しないといけない。

小川　切れ目のない支援。今は本当に切れ目だらけなので。支援学級の先生が産休明けの先生とか病欠明けの先生って多いんですけど、そういう先生は、翌年度は担任持ったりして、支援の先生じゃなくなっちゃう。

松本　小学生から中学校に申し送りといっても、人が変わるわけでしょ。人が変わったら、文章なんかの紙ベースでわかるわけないことがいっぱいあって、やっぱり子どもがまたしんどい思いをしてしまう。中学3年で慣れたっていう頃に、次は高校。

平井　本当に一から。新学期迎えても一からなのに。

松本　先生変わっても一から。

小川　小学校から中学校まで、先生の詳細もまだわからない状態で説明しに行って、「え？こんなに支援が違うの」って思うわ。申し送りが効かないのは、ほんとに厳しいと思う。１カ月でもいいから、小学校の支援の先生が１カ月ついて、中学校の支援先生に引継ぎしてくれたらまだ納得いく。

松本　だからね。贅沢やけど、辞めるかもしれないので１人に対して３人ぐらい支援の先生がついて、いつ誰が辞めてもいいように。

小川　本当、潤沢に資金があったらそれしてほしい。介助員を雇おうと思ったけど、集まらなくて、予算増やしたのに、結局派遣で雇うしかないから派遣に全部お金を持っていかれて、介助員が増えなかった。なんて話もきいたことあるよね。意味がない。

芦田　え？　介助員はまた違うの？

小川　違う、うちの場合は教員免許を持っていないとなれない。基本、支援の先生と同じ働き方。

松本　ちょっと時間が短い。２時までだったりとか、３時までやったりとか。

小川　会議は出席させられる。

平井　その介助員も人によるよな。私は介助で来てますっていうような人もいるし、支援の先生と同じようにやってくれる人もいれば、本当に人によって違う。

平井　うちの子は接点ないけど、私が毎日学校に行っているから目にしている。

小川　毎日学校に行っている利点ってそこだよね。

平井　この人がこんなんで、あの人がああでって。

松本　なるほどね。

10．先生の連携

保坂　そもそも小中学校の連携はあるんですか？

小川　小中連絡会があるんですけど、中学校では小学校にマウントとるみたいで。

松本　困ってんのに困ってないって言ったりね。

小川　困っているのに、小学校の時よりも全然快適に過ごしてますよって報告はあがってて。当の生徒はめっちゃ混乱していて困っているのに、大人は体面が大事なのかなとしか思えない。この対応、ほんとやめてほしい。結局その生徒は困ったままの状態で何も改善されてない。

松本　その時にずっと通して、相談を聞いてくれる人がいたら。

保坂　地域でボランティアされているのは、すごくありがたい。

小川　本来だったらありがたいはず。できれば中学校のネットワークをつなげていって、連携ができれば。

保坂　連携ができていないから結構ストレスですよね。

小川　学校の専門家であったり、福祉の専門家であったり、なんかいろんな視点の人が関わって支援が一つに成り立っているけれども、そこには少しずつ重なり合う部分があって、相手の専門分野を犯してはいけない。でも、カバーもできなければいけないっていう部分もあるんだけど、ぶつ切れなんだよね。縦割みたいな。

平井　なんか知らんけど気を遣うみたいな。

松本　私たち、怖くないよみたいな。

小川　先生は他の先生の顔色を見ているというのもある。子どもを見てよって。大人はどうでもよくて、育てているのは子どもっていう。大人の事情で、子どもを振り回さないでって。

松本　しわ寄せは子どもに行っちゃう。かわいそうだと思う子どももね。信頼して相談できる場所もないし。

11. 保健室の先生

小川　保健室の先生も大事ね。話しにくい先生だと、ほんと閑散としたオフィスになっている。あそこは病気の人、心も病気の人が見てもらえるところのはずなのにね。

平井　ダメなの？

松本　体がしんどくなかったら、熱とかなかったら追い出されちゃうよね。上の子がそれで出されたパターン。保健室登校しかできなくて、保健室行ったら「保健室は本来しんどい人が来るからあなたが来るべきとこじゃないよ」って。

小川　やたら部屋を消毒してる先生とかいるよ。うちの子が通っていた小学校の先生はそういう先生で、子どもが保健室に行くのをすごく嫌がっていた。うまい先生は1時間くらい休憩させて、そこで集まってくる児童同士で話をさせたり、絵を描かせて「上手にできたね」とか、できた作品を飾ったりしながら、「じゃあ1回教室に戻ろうか？」って、ちょっと落ち着いた子を1回教室に戻らせたりするよ。

松本　1時間目が来たら様子を見て「じゃあ2時間目までここにいようか」って言って、時間を切って、そうしたら子どもも見通しが立つから、そこで自分の気持ちを一生懸命整えて、2時間目終わって先生が「行ってみる？」って。「じゃあ、20分休憩終わるまでいて、1回教室行ってしんどかったらまた戻ってきてもいいんやで」って促していた。子どもは行ったら行ったで、戻ってこなくなることもあるので、こういう促しは大事。また子どもはやっぱり教室で迎えてくれる子がいる。それでも教室に入るまでの一歩がすごくしんどい、それを乗り越えたら大丈夫だけど、保健室の先生もそれが分かってる先生だったら、そういうふうに持っていってくれるけど、何も言わないもんね、今の保健室の先生。

小川　それじゃあ、生徒も寄ってこないよね。絆創膏を貼ってもらいに来ましたみたいな感じになっちゃう。

松本　何年何組？　どこでけがしたの？って。

芦田　そっか、保健室の先生も変わっちゃうんだね。

小川　変わるんですよ。ずっとその学校にいるわけにもいかず、難しいとこだよね。

松本　それを求めるなら私立かな。

12．支援体制

山本　支援学校だと、個人に１人担任がいて、１クラスの生徒が10人ぐらいに先生が３～４人はいる。学習クラスにも複数。

小川　だからやっぱり先生が3人くらい子どもについていていてほしい。

松本　常に、よくわかってる人が2人いて。

小川　その先生たちから、子どもの特徴を教えてもらう。それを繰り返して、子どものことを知っている人を増やしていかないと。

松本　それを例えば診断受けたぐらいから大人になるまで。

小川　逆の立場から言うと、先生が休み取れないのもかわいそう。代わりの先生がいないからお休みしますって言いづらいじゃない。そりゃ、イライラするよね。だって家族が病気の時だってあるけど、代替の先生がいないから、職場に気遣って休めない。無理してでも来ちゃうよなぁって。でも、アメリカとかお休みはとれるし、代替えの先生もいるし、代替えの先生と子どももちゃんと面通しして知り合わせて、置いている。

平井　校長先生のせいじゃない？

小川　校長先生のせいなの？

平井　うちの小学校はよく先生休んでいるよ。

小川　そうなん？

松本　去年1年生の先生が真っ青な顔して学校来て、「どうしたんですか？」「ちょっとしんどいので2時間目から来ました」「しんどそうですよ」って言ったら「大丈夫です」って。

小川　全然大丈夫じゃなかったよね。
松本　やっぱりその過労でコロナになっちゃって。免疫が下がって。
小川　本当に先生が足りていない。
松本　だって、給料が安い。めっちゃ安いらしい。だから、いい先生がみんな他の市に出ていっちゃって。
小川　大阪で教師になりたい人はもうあんまりいない。
芦田　もう大阪からみんな出て行っちゃうよね。
松本　岡山は良いらしいよね。支援は。岡山が良いって聞く。
小川　なんでなんですか？
保坂　医療体制もしっかりしているし、支援もしっかりしている。岡山の人からするとまだだっていうけど、他から見ると岡山は良いらしいです。
小川　やっぱり、その場所に行ったらその場所なりの不満って出るけど、他の土地に行ったら意外とうち良かったんやとわかることもあるってことですかね。要求はいっぱいあるけど、それなりにやってもらっていると思う。
平井　そう考えるとうちはいいんかなと思う。ましかなと思う。
芦田　でも当事者からしたら全然足りてないっていうこととかはあるから、それはやっぱり言っていく必要があると思う。

13. ママたちの疲弊

小川　お母さんたちもすごく疲弊しているのね。働かないといけない、子ども見ないといけない、でもトラブルはある。働きたいけど働けないという中で、学校とも闘わなければならない。本当は闘うのじゃなくて協力しないといけないんだけど。

芦田　そうだよね。

小川　何か闘うっていう「対立する立場」になりがちなんですよね。要望を言えない人もいるし、諦めちゃう人もいるし、でもそうなるとやっぱり親の声がない。変わっていくための要望が聞こえてこない。実は親の会が機能していないのも課題なんだと思います。

保坂　なんででしょうね？

平井　親の会に参加する人がいないんです。みんな、まとまって何かするという考え方が、今のお母さんは少ないのかな。だから、交わりたくないというか、めんどくさい。でも自分で子ども育てていくのは大変。会に入ったら何か役をやらないといけないのが嫌なので、諦めるのか、個人で先生に交渉するのか。

小川　その場しのぎになる。

芦田　今、これに困っている。こうしてくださいみたいな。

平井　放課後デイサービスに行っている子が多いから、そこで相談しちゃう。

小川　相談支援員に相談してるんだけど、その相談支援員がずっといると限らないし、発達のことに詳しい人かどうかもわからないよね。

芦田　言っていることが適切かどうかもわかんないよね。

小川　ほんとに相談するのがそこだけで良いのか疑問ですね。保護者同士だとお互い経験して、いろいろ聞けるのはいいけど、もしかしたらめんどくさい付き合いがくっついてくる可能性もある。

平井　言いたくない人が多いね。自分たちのことは話したくない。

小川　家庭の内情をばらしたくないから。でも、絶対に困っているっていうのはある。うっかり、病院で顔を合わせちゃったときはすごく気まずそうな顔をする。声をかけないでって顔をされるから、つながりたくないんだろうな。

保坂　自分が困っているとか、自分の子どもが困っているっていうことを認識したくない？

平井　認識はしていると思うんですけど、それを人に知られたくない。

松本　自分の子どもが支援学級に入っていることを知られたくない。

平井　定型のお母さんたちと付き合えなくなると思っています。

小川　元々、定型の子どものことを知らないのだから付き合いようがないと私は思っているけど、そこをなんとか隠しながらお付き合いするんだよね。

芦田　それはなんで？　障がいのある子は恥みたいな概念があるの？

松本　悪い意味で特殊っていうような。

小川　ばれたらのけ者にされるとか、その子の将来に傷がつくとか。あとは親御さんが医者とか弁護士とかいわゆるエリートの方たちで、自分たちの子ももちろんそういうコースに乗るんだと思ってるからバレたくないっていう話も耳にします。発達障がいがあることを知られたら人生に望みがない。だから、自分たちが住まうエリアの放課後デイサービスには行けない。

松本　ある親の会に来てる人で、自分の子どものことを相談しているのを知られたくないし、どこでどういう風にばれるかわからないからって来なくなった人もいる。

芦田　そんなにバレたくない？　バレるってのはおかしいけど。

平井　自分たちの両親も認めてない人も多い。

松本　だから、もうバレたくないから来ませんって。

平井　本人やお母さんは来たかったんだけど、バレたくないから来ません。

小川　あそこのエリアはバレたら本当にしんどいだろうね。
芦田　え？　なんで？
小川　のけ者にされてしまうよね。
平井　エリートコースの校区やから。
松本　だって、社長、医者といろいろ。
小川　そう、士業がいっぱいだから。そこではぶかれちゃう。
松本　「親の職業は何？」とかお互い聞くらしいですよ。子ども同士で、「普通の会社員」って答えたら「貧乏人なん？」って言われる。
芦田　えーーー。
松本　普通に、悪意なく。「貧乏人なん？」って。
小川　隣の小学校は貧困家庭や外国から来てる方もいるエリアだけど、そこでも支援学級叩きとかあるんですよ。
芦田　なんでそんなに叩くんだろう。
小川　「同じ教室にいたら、うちの子の勉強がはかどらないじゃないですか」って。そういう問題じゃないやろって思うんですけどね。でもそういう考え方の方は「そんな子を入れないでください」って言うんですよ。

松本　授業が滞ってしまうから。

芦田　何十年も前から基本的に変わってないね。

松本　ずっとおばあちゃんとかの時代から脈々と受け継がれてる考え方なんでしょうね。

芦田　私が中学校の時から同じ話聞いているから。もうちょっと進んだかと思ったけど、進んでないね。

平井　地域にもよるよね。

小川　正直、私も学校にそんな期待してないから。だって学校って「誰もが同じように学べる場所」じゃなくなっている。

松本　何のための支援学級だと思うけどね。

14．障がいに対する理解がない

小川　支援学級っていうのはコミュニケーションとか社会性を学んでいく場所だと思っているから、必要な勉強は必要な勉強として先生が教えてくれるのは当たり前なんだけど、あの小さな集団という社会の中でどうやって生きていくのかは大事だと思う。

平井　あの社会を学ばないと大人の社会には出れない。だから順々に社会が大きくなっていくんだよね。

小川　勉強部分に関して、他の小学校のスクールサポーター入って思った。児童がすごく勉強している。クラスがすごく静かで、誰も喋らんの。

松本　おそろしい。

小川　知的な障がいがあって支援学級に入っている子が、私が入ったクラスにいたんだけど、その子がすっごいマイクラ（ゲーム）好きで、マイクラの絵本とか持ってきて支援学級の先生と一番うしろの席で二つ机並べて話して、それがうるさいって怒られる。そんなのその子にはわからないから楽しいことを楽しいって表現しているだけなんだけど、ここにいる意味があるのかって疑問に思った。あの様子はもう「クラスの一員」になっているとは言えない。すごく不思議な光景を見てしまった。

芦田　ちょっと話戻るけど、支援学級の子がいると自分たちが不利益を受けるんだみたいな主張をする人たちがそれこそ医者になったり、社長になったり、いわゆる偉い人になっていく。

松本　社会は変わらない。

芦田　先生を３人つけるとか「はっ？」っていう感じやろうね。きっとね。

小川　でも明らかに、見ていて困っている子はいるんですよ。

松本　絶対いる。

小川　絶対いる。でも私から見て、小学校である程度普通にやっていけるけど、しんどい所持っているよねって感じの子が一番大変そう。

芦田　その子たちはその発達障がいがあるだろうという子？

小川　あるだろうけど、でも、やり方次第でできる。

芦田　適切な支援は入ってない？

小川　支援学級に入ってないから、

松本　ＡＤＨＤとか賢い子が多いから。

小川　ＡＤＨＤとか賢いから、ついていけてしまう。いけてしまうけど、でも動作が止まらないから怒られる。声が小さいからって怒られる。自分でどうにもならないことを怒られるのはめちゃめちゃしんどいでしょう。本当はやってあげられることいっぱいあるんだけど。

15．サポーターの必要性

松本　子どもにとっても、身近に相談できる人が必要。

小川　誰かに相談できるという経験ができる子は実はあんまりいないよね。子どもたちにとって、先生は相談する相手じゃない。もちろん相談する子もいるけど、どちらかというと先生は「学校のルール」って感じかな。

平井　先生に言えない、親に言えないってなって。

松本　だから親じゃない。教師じゃない。第三者が必要。

小川　それがサポーターだったりするのかなって思う。いわゆる「居場所」の人が相談相手になってもいいと思うけど、居場所所の人が耐えられなくなっちゃうこともあるから。だったらスクールサポーターのような立場で、ある程度訓練して学習支援もできて心のサポートもできる人がついていいてくれたら安心。学校に行ったら会えるわけだし。

松本　学校外で長年にわたって同じ人がサポートしてくれる。

小川　見かけたら声かけてくれる。中学に行ったって、「教師」っていう枠がないから所属が小学校だろうが中学校だろうが関係ない。

松本　絶対に言ったことを言いふらさない人。

小川　それはハードル高いけど。でも同じサポーター同士だったら事例として共有するっていう形では相談できるし、きちんとしたシステムに構築し直せば、もっといいものになる。

芦田　学校へサポーターが入るか、入らないかで違うの？

松本　救われる子の数は全然違う。その子の将来も変わってくるでしょう。人の人生に関わることの大切さをわかっていない先生がいる。

平井　それを先生にわかってほしい。

16．親への支援

平井　私が今まで子どものことでしんどい思いをしてきて、教育センターに相談してお世話になっているんですけど、子どもありきでもちろん相談に行くから子どもの相談をします。「こうなってこうしんどいから、どうしたらいいんですか」とか聞いたり、意見をもらったり。じゃあ、自分で考えてこうしてみようかなとか思いながらするけど、自分自身のしんどい話を聞いてくれるとこはなかなかなくて。みんなどうしているのかな。こういう場で喋れることはありますけど、自分がしんどくなった時って、精神科なら聞いてもらえるのかなとか。そこへはお金を出していかないといけないのかな。

松本　ただじゃない。

平井　親のしんどいものを聞いてくれるところが公としてない。

小川　スクールカウンセラーとか？

平井　結局、そこに行っても子どもの話になるから。

芦田　そうやんな。
平井　子どもさんは?っていう前提の話になるから、「私、私の話」って。
小川　でもメンタルクリニックに行っても結局「お子さんの様子どうですか」って言われる。結局自分のしんどさの根本の原因になっているのは子どもだから。
平井　純粋に聞いてほしかったら、それでスッキリして頑張ろうってなるので、スッキリして子どもに向き合えることができる。そういうのって全然サポートはないのかな。
松本　親のサポートね。
小川　ないよね。
平井　国とか行政のそういうのがなくて、それはないのかなってずっと思ってて。だから、親の会に行って発散してるんですけど。
小川　親の会で発散したら楽しいよね。自分だけかと思ったら、こんなにいろんな人が同じような思いをしていたんだってね。
平井　それは何でないのかな。人に聞かれて嫌じゃない人はここで話せるけど、嫌な人もいる。
芦田　そうやね。
小川　そういう人は多いと思う。

平井　その人はずっと黙ったままやったら心がおかしくなるよな。子どもをいじめるよな。児童虐待につながる。

小川　この子を殺したら、私は楽になるかもって思ったことある。

平井　だから絶対にそれが必要やのに。

小川　そういう人は話においでよって思うけど、そういう人ほど来ないんだよね。

松本　心が病めば病むほど出られない。

平井　だから児童虐待の裏には絶対にそれが隠れていると思うから、親の気持ちを何とかしてやる仕組みはないのかと。

小川　適応教室で引きこもりの子に対して、話を聞くためにボランティアの大学生を家に行かせてるんだよね。子どもに対してはアプローチするのに、母親にはしないのがずっと不満なんだよ。母親だってしんどいのだから母親の話も聞かなかったら、引きこもりなんか絶対にどうにもならないからって上の人に言ったら、親の方のサポーターも確かに欲しいっていう話もあって。これ「子どもの話を聞く人」と「親の話を聞く人」のペアで行かなかったら、あんまり意味がないよね。母親が元気にならないと全然話にならない。

松本　アウトリーチやね。

小川　大学生だけでアウトリーチに行かせるのか…って私は思ったけどね。

松本　そうなるとやっぱり、バディーを組まないとね。

小川　でもバディーを組むんやったら、ちゃんとソーシャルワーカーとその他の大人の話を聞く人、年の近い子どもの話を聞く大学生で3人ぐらいのチームで行って、やっぱり情報共有して時にはスーパーバイズしてもらわないと、無理じゃないかと思う。

平井　今まで親の会以外で自分がしんどかった話をしても共感してもらった記憶ってそんなにない。

小川　うん。共感してもらうことない。

平井　自分のしんどさに共感してもらうより大体子どもの話になってしまうから。教育センターで2番目に担当してもらった人はめっちゃ良くて、子どものこと聞きながら自分のことも割と共感して聞いてくれた。それ以降の人は子ども中心で。自分の話を聞いてくれる人がいないとお母さんは壊れるなと思って。

小川　ないね。

松本　ないね。教育センターでも当たり外れあるね。

小川　すごい当たり外れあるね。

平井　もう、さよならでいいですって思う人もいる。

小川　そうなの？

平井　嫌じゃないけど、行ってスッキリしたって思わないし。

小川　私はずっと同じ先生。子どもの担当は随分替わっているけど、私の担当の先生だけは最初に保育園に上がった時から、今まで１人も替わってない。ずっと同じ先生なので、下が中学上がって、相談はいったん終わりにしたけれども、でも、たまに心配して「お母さんどうしてる？」って電話してきてくれる。「もし、しんどいことあったら相談しにおいで。お母さんだけでも」って声かけてくれるから、それはすごく気分が楽ちん。いつでも相談できる安心感って大事。

平井　教育センターでも親部門があったらいいねんね。

17．経済的な不安

小川　お金かかるから、お金欲しいよね。とってもわかりやすい話。

芦田　特別児童扶養手当はもらえてる？

山本　もらえてないです。欲しいと思って、２回申請したけど、無理でした。Ｂ２軽度だともらえないことが多い。でも、Ｂ２でもらえている人もいる。診断書の書きようでかわるみたい。

小川　もらっているけど、結局のところ、その子がどれぐらい社会的に生きやすいかによってかかるお金って変わるじゃない。

平井　さっき言ってた手帳の基準。もう18歳になったら変わる。だからその辺の基準が全くおかしい。うちは知的がないから療育手帳がない。でも、自閉でLD持ってて。

松本　市によって違ったりするよね。

小川　いい加減、発達障がいの手帳を作ってほしい。高次脳機能障がいも未だに精神障害者保健福祉手帳じゃないですか。基準がおかしすぎる。

平井　基準がおかしいよね。

芦田　みなさん、お仕事は？

山本　働いている。

平井　働いていない。

小川　ボランティアだけ。学校に行けるか行けないか、それで私が働きに出られるか出られないかも変わってしまう。だから子どもをとるか、生活とるかっていう天秤にかけないといけない。シングルマザーだから、サービスがなかったら生きていけないんですよね。

松本　皺寄せがすごいくるよね。

平井　私たちは老後を捨てています。お金が欲しいね。

小川　お金が欲しいというか、安心が一番欲しい。もちろんお金も欲しいんだけどね（笑）

18．行政に求める支援

小川　発達障がいの手帳作ってほしいと思う。等級は難しいけど、やっぱり社会性とコミュニケーションっていうところでは、ある程度、ほんと2段階とか3段階しかつけられないんじゃないかと思うんだけどどうかな。要は「学校に行けているのか」。環境適応できていたら障がいじゃないから、適応できないっていうところと「どんな発達障がいの種類を持っているの？」というので、等級をつけて出してもらわんと。まず偏食あったら、それだけで生きていくの大変。自分で食事の支度ができないから。

平井　多分ずっとファストフード店に行ってる。

小川　働ければいいけど、働けなかったらお金もない。生活保護を受給できるかもわからないし。書類の内容を理解して申請書を書けるのかっていうのがまず引っかかると思うんだよね。発達障がいのある子は小さい頃は、どんなものが合って、どんなものが合わないかっていうのを解明していく作業があるじゃない？　合う合わないがわからないうちって、めっちゃお金かかるやんか。

平井　今でもかかる。
小川　そうね（笑）。今でもかかるのに、「あれが必要です」「これが必要です」って、めっちゃ高いものばかり言う。
松本　うち療育手帳、B２やけど。中には軽度の知的障がいの子で、18歳以上だったら療育手帳を外れる子がいるし、例えばA判定やった子も、例えばB２になったりもする。
小川　利用できるものがすごい減っちゃうね。
松本　それでやっぱり困っている人もたくさんいるし、知的障がいがあるのに手帳がもらえない。
小川　これだけ社会的にも、学校でも問題視されているにも関わらず、そこを考えてくれない。きっと、診断が出て、発達障がいの人にはこれだけの手当が出て、もうちょっと生活が楽になるとわかったら、診断をとる親も増えると思うんだよ。現状の子どものことを考え、子どもの将来性を考えて。そのためには「手帳があった方がいいんちゃうかな」って私は思うし、当人たちだって納得がいくと思うんだよね。
保坂　行政まで話がたどりついてない。
小川　そして発達障がいの子の施設があったらいいのにね。施設が全然できてない。フリースクールとかもそうだし。受け皿はない。

松本　本当に発達障がいに関する支援ってないもんね。

小川　かなり認知をされてるはずなのに。

芦田　認知されていないんだと思う。

小川　目に見えないからなんだと思う。発達障がいも結局は見えないから相手にされにくい。

松本　私が民生委員の研修の打ち合わせした時の話。最近の民生委員は1期3年で交代する人がすごく増えてるけど60代の人が多い。「発達障がいって治ると思っている人っていないんですか」って言ったら「たぶんいると思います」って。「そういう人が民生委員しているんですか」って言ったら「発達障がいを知らない人いっぱいいると思う」って。

小川　昔の方法で発達障がいの子の親にアドバイスされると困る。

松本　そういう人が相談窓口になってるっていうのがすごく怖い。

芦田　わかっていない人のところに行かないといけないのはしんどい。やっぱすごいそれは大きな問題だと思う。

松本　行政も民生委員に対してしっかり研修してほしい。

コラム③　先生によって違う認識

学校とか保育園とか、事例がいっぱいあるのに、なぜ気づかないって思わない？　1年生のころから、チック出てるし、緘黙《かんもく》なってるし、明らかに自傷行為してるし、って言っても、「いや、まだ2年とか3年とか見てみないとわからないから」だって。今まで2年3年見たって、そういう子がどうなっていったか、経験を通して知ってるでしょ。なのに、なんでそこを先生が認めようとしないのか不思議。2、3年早くに支援を始めていたら、もっといろんなことができるはずだって思えてしまう。

先生が何を期待してるのかわからない。支援の子が増えたら、当然先生の人数を増やすというような予算の問題もあるのはわかるんだけれど。支援を入れるんだったら3年生かなって思ってると先生から言われたことがあって、いや、「この子の人生、あなたが決めないでくださいよ。子どもが困っているか聞くところからじゃないの？」って思った。

第4章

言い足りてないこと

ミツバチのいる風景を描いた作品（湊　小4）

飼い猫を描いた作品。恐竜や魚をモチーフにすることが多かったが様々な生き物を描けるようになった（湊　小6）

第4章では、2022年の座談会で言えてなかったことを、語ってもらいました。

1. 早期療育

芦田 平井さんの告知のところで2歳から支援を受けてるから支援を受け入れやすい態勢になってるっていうところがヒントじゃないかと思って。

平井 長い間支援を受けてきているから、周りの人がサポートしてくれることを拒絶することもないし、してもらって当たり前みたいな感じになっていて、本人の受け入れ態勢ができているって感じです。

芦田 それってすごい大事よね。

平井 大事です。

芦田 スムーズに生きやすくなるよね。

平井 どんな人が来ても「僕を助けてくれてるんだ」って思えることがすごく大事で、それを拒絶してたら、支援を受けられないことになるので。

松本 その支援を受けること自体に拒絶はない。

平井 受け入れすぎって言われてます。

芦田　すごい早期療育が合ってたんやね。

平井　そうかもしれませんね。最近よく思うのが、長男の海斗が全く療育を受けないで今20歳になっています。陸斗は2歳からで、一番下の悠斗は、4歳から療育に行ってるんです。2人とも療育を児童発達支援から今も継続して10年ぐらい行ってるんですけど、始めた頃を振り返ると「やっててよかった」って思うことがいっぱいあって。まず支援を受け入れる態勢になるのも大切。一番下の悠斗なんかは長男と似ていて、人の言っていること聞かないという状態だったんだけど、それがだんだんと、お友達の意見も聞けるようになってとか。そういうところが少しずつだけど伸びてきているなっていうのが見ててわかって、やっぱり療育をやってない子とやってる子が家にいるので顕著に表れてるなっていうのを感じます。だから無駄かなって思いつつ、何がこの子に効いてるのかは2、3年じゃ全然見えないけど、それをずっとやっていることでこんなにいい結果が出てるんだなって長いこと通うと感じます。

芦田　それすごい。でも大事なことで、それを知ったらちょっとでも早くから療育したいと思う親御さんもいるよね。

平井　私も最初のうちは「全然変わからへん」って思ってたし、行ってて何の意味があるの？って思っていた。今でこそ放課後デイサービスは選べるし、送り迎えもあって、楽なんですけど、当時は数も少ないし全部送り迎えも親で、うちの子は放課後デイサービスの送り迎え嫌いだから結局今も私が送り迎えしてるんだけど、親の負担が大きくてやっぱりものすごいしんどい。

山本　療育、遠くまで行っていました。当時は住んでいる市内に療育できるとこがないと言われて、でもその当時、療育の知識、情報も持っていなくて困っていたら、保健師さんが調べてくれて、市外だけど、空きがあるからどうする?と。そこしかないなら仕方ない!と思って、電車とバスを乗り継いで1時間かけて通っていました。ほんと大変でした。

松本　児童発達支援とかもなかったもんねー。

平井　しんどかった。

芦田　でもそれをね。やったっていうことすごいですよね。諦める人もたぶんいるよね。

山本　大変だったけど、通ったかいはあったかな。

平井　児童発達支援で行ったところ、陸斗、悠斗あわせて4年ぐらい行ったんだけど、「お母さん4年も頑張りましたね。よく通いましたねぇ」って、最後辞めるときに言われたくらい、やっぱりしんどいよね。負担も大きい。

松本　拘束されるしね。

平井　車で行っても30分ぐらいかかる。その時間はすごい。

松本　迎えもあるしね。

平井　送って行って、一旦帰ってきて、また迎えに行って、労力はすごいけど、やったらやった分だけは身についたなってすごく感じる。

松本　私も遠くまで行ってたもん。その場所が子どもにとって居場所になって、そこで気持ちを整える場所っていう風にたぶん、もう自分でも言わずもがなわかっていると思うから、行くことで気持ちを整えて帰ってくるみたいなね。

芦田　療育を受けさせようか、どうしようか悩んでる人にとったらすごくいい例になる。

平井　本当にたくさんあるから、よく見て吟味しないといけないし、大変だけど、合うところにさえいければ本当にプラスになる。

松本　訓練をする。何かを身につけるってのは大事だけど、居場所を見つけるっていう意味でもやっぱりそういうところが、あるとないとでは違う。自分を攻撃しない安全な場所っていうのを一つでも多く確保するっていうのが、子どもにとっても心が成長するためのベースとか心の安定にも大事なんじゃないかな。

平井　陸斗は言葉がなかなか出ない子で、コミュニケーションが今でも苦手なんですが、中学校になってから塾に行き始めたんですけど、最初は先生のことを嫌だって言ってたんですよ。「もうちょっと我慢してみ」っていうって話をしたら、今はもう先生を自分の中に取り込んでますよね。

松本　先生がまたＡＤＨＤっぽいね。

平井　そうそう。自分の得意分野を先生に言って、それに先生を巻き込めるようになっている。それもすごい力だなって。そういうところに行くことによって、先生ももちろん温かく見てくれてるからこそできることなんだろうけど、でもそれをできるようになってるっていうのはやっぱり力がついてるんだなぁって思いますね。

2．狭間の子どもたち

平井　行政に求める支援じゃないかもしれないですけど、私、教育委員会に小学校の親の会から要望書を提出したことがあるんです。陸斗は知的障がいがないので療育手帳はないんですけど、でもＬＤあるんですよ。だから勉強はできるけど、定着しない。精神の手帳があるけど、特別支援学校は基本的には療育手帳がある子が行く話になってて、でも「行きたい」って言ったら、もちろん入れてはくれるんです。でも今いっぱいになっているという話も聞いている中で、見学も行きました。うちの場合は「特別支援学校は僕と合わないかもしれない」と本人が言ったので、実際行けるところって公立しか残ってなくて。そうなった時に「じゃあうちみたいな子って、どこに行き場所があるんですか」って聞いたら、そこの教育委員会の人が言ってましたが、「公立中学校の支援学級が受け皿です」って言われました。だけど、全く受け皿になってないじゃんっていう状況だったんです。そういうところ、もし求める支援の中に入れられるのであれば入れたいです。特別支援学校と公立中学の支援級ではレベルが開きすぎて、真ん中がない。普通に行ける子はもちろん公立中学で。公立中学に通うのが難しい子が特別支援学校。じゃあ公立中学に行けそうで行けないような子はどこに行くの？っていう。診断がなくて普通学級に入って頑張って、しんどくなった子って、不登校になってる。そんな子たちも結局支援学級で支えるわけじゃないですか。そこが全然機能してない今、適切な行き場が見つからない子どもたちが増えている。

保坂　それすごい大事な話で、ある自治体なんかはそこが穴じゃないかって言われて、フリースクールをいっぱい集めて、就活セミナーみたいな感じで、フリースクールにいっぱい来てもらって、そこに不登校気味のお母さんたちと子どもたちが集まって、いろいろ説明を聞いて回るみたいなイベントをやってましたけど。

平井　なんか違いますよね。

保坂　そうなんですよ。知り合いのお子さんも学校ずっと行けないから、中学校どうしたらいいですかって小学校に相談しても、うちはそんなことには相談にものらないって言われもう丸投げ。その訴えがたぶん多くて、ようやく出てきたのが「フリースクールの人たち紹介するから、そこ行けば？みたいなイベント」が行われているみたい。それだけニーズも高いということじゃないですか。それなのにどこに行っても、そこに対するサポートが全然ない。

平井　私も中学に入学する前に小学校にかなり注文を付けました。たまたましんどい子が多い学年だったので、この子たちがみんな行くのに、中学校がそんな状態じゃどうしようもないからなんとかして欲しいって校長先生に言ったんです。そして卒業前に中学校とすり合わせするじゃないですか。その時に校長先生も支援学級の先生も中学校に対してかなり言ってくださったみたいで。だから今は中学校で各階に各学年用の支援教室を作ってくださって。そこが行き場になって、全学年で1部屋だけじゃなくて各階ごとに部屋を作ってもらえたので、それはすごく大きかったですよね。今行けている理由ですよね。

3．統一性のない支援・基準

松本　学校によっても支援のやり方が全然違う。

山本　校長先生の裁量で、同じ市内の学校なのに、受けられる支援が違ったりする。

平井　統一されてないんですよね、全然。だから先生変わったら全部変わっちゃうっていうね。

保坂　支援学級に入れる入れへんの基準もすごくあいまいだって聞くし、入ってた子が外されるっていうのも聞きました。なんで？って聞くと「不登校だから」って。いやいやいやっていう話。ちょっとなんか、何なのっていう。制度として設けるなら、現状をきちんと見て、意味ある支援にしてほしいですよね。現状をよく知っている親の会さんが要望を出していただいてすごいありがたいと思います。

平井　うちの子が通う小学校は逆に多すぎて困ってるんだよね。

松本　それではじかれる子が多い。ダブルカウントしてくれないから。

平井　ダブルカウントも毎年要望を出してるんやけどね。

松本　支援学級が多くなればなるほど普通学級のクラスが少なくなってくる。だから実際１クラス40人以上で溢れてるクラスとかもあるし、それに対して支援学級の子を切っていくっていう。先生もそれは本心じゃなくて、本当に涙をのみながら切っちゃうっていう。だから、もうみんなのためになってない。それも多すぎだよね。

平井　60人ぐらい。

松本　多いよ。すごいよ。びっくりしたもん。

平井　全校生徒８００人くらいの小学校で、６学年で60人ぐらい。中学校も３学年で50人くらいいます。

松本　めっちゃ多い。

保坂　その陰にさらにたぶんいますよね。あやしい、グレーの子たちが。

山本　そう。支援学級の子どもたちは、親が子どもの特性を理解しているから、支援学級に在籍することができている。本来、支援学級に在籍した方が良い子どもが、親が気づいてない、在籍を認めないなどで、支援を受けられていない。

平井　懇談の時に先生から支援学級をお勧めするんです。「この子は入れた方がいい」って言って、でも親が断る。最初から支援学級って言っている親はすんなりいってるけど、言ってない親は大体断るよね。

松本　私はいいんですけど、お父さんがダメっていうので入れませんっていうケースはめっちゃある。

4．支援学級の充実

平井　だから支援学級の充実がすごく求められるなって思いますね。

山本　まだ小学校の支援は手厚いかなと思う。小学校は地域で良かったなと思う。中学校は先生の入り込みも少ないし、勉強についていけない子どもたちには厳しいなと思う。中学生になる時には、地域の中学校か特別支援学校に行くのか決めることになるけど、まずは地域の学校を勧められる。湊も中学校の支援学級が充実していたら、地域に行っていたかもしれない。でも、個々のニーズにあった支援は受けられそうになかった。だから、支援学校に行くことに。

平井　困ってくるよね。どっち行ったらいいねん。どっちもいけない。

松本　社会的弱者が困ってしまう。

平井　結局、不登校になるんですね。

松本　不登校だったら問題はないから切り捨てられていくんだよね。

平井　見えてないから何の問題もないだろう。ただ学校来ないだけじゃん、みたいな。中学は義務教育だから卒業ができるからね。聞かれへんかった？　卒業しますかって聞かれるよ一応。電話かけてきて「どうします？　卒業しますか？」「卒業します。お願いします」って。なんで聞くんやろうって思ったけど、聞かれたよ。

保坂　どっちがメジャー（多数派）やねんってなりますよね。反対でよくない？っていう。支援級をメインにしたらよくない？　公教育がそっちを充実させる方向で動いてもらって。

山本　支援学級４クラス、普通学級２つとか。

保坂　逆にした方がいいと思う。

松本　たぶん伸びしろいっぱいある子たちなんですよね。それを義務教育で伸びしろ潰すっていうのはもったいないなって。

保坂　勧められてキレてるのは聞こえてきますね。自分が見る力量はないから捨てようとしてるだけちゃうかっていう見方ですよね。「教室内で見られへんだけやろ。力量が低いだけだ」って言ってキレる親にもまた一理あるのかも。

松本　でも支援学級に入ったら伸びる子多いな。多いねんけどなって思う時がある。

平井　子どもが伸び伸びしてるけどね。窮屈なとこに入れられるより、勉強する子はするしね。

5. 先生の負担・先生の質

芦田　やっぱり1クラスの生徒数が多いよね。

平井　1人の先生じゃ子どもを見きれないよね。今のクラスじゃ。

松本　あと先生に余裕がない。みんな余裕がないからやっぱり教育の質が悪くなっている先生も多い。なんちゅう授業してんねん、みたいな先生。

平井　忙しすぎるのはすごく感じますね。あれもこれも学校の用事がいっぱいあるなぁっていうのはすごく見てる。

松本　ずっと怒ってる先生って、子どもが萎縮してしまって静かになるでしょ。それをクラスがまとまっているっていう風に先生が感じる。みんな諦めてて、余計なこと言ったらまた何言われるかわかんない。静かにしとこうやって言って、子どもたちはそれを地獄の時間って言っている。次のクラス替えがあるでしょ。はっちゃけるでしょ。そしたら、その先生は「私やってた時に落ち着いてたのに、何あれ。」みたいな。違う違う、はっちゃけてるんですっていうのがわかってない先生がやっぱり多い。怒る教育って短絡的でしょ、簡単やし。子どもに怒ったらいうこと聞くし、自分の思った通りにできるし、それを自分の力やと思っている先生がいる。自分が有能で、みんなを落ち着かせているっていう先生が若い先生でもいるね。

平井　私くらいの年齢だと、怒られて押さえつけられて育ってきた世代だから。だからそれを習得してそのままっていうのかわかんないけど。

松本　先生はある程度、生育歴的に、多分そういう風に育ってきてるのかなって思う時がある。そういう先生がどこの学校でも多かれ少なかれいるので、それでやっぱり発達障がいの子が萎縮してしまって自信をなくしていくっていうパターンもある。

平井　先生の質って言ったらあかんけど、でも支援学級に来る先生の質も悪いのもあったりするっていうのはすごいよ。担任をもてないから支援学級に回されていることがあるよね。そういう人に限ってずっと教師している。要するによそに出せないからずっと支援学級とかね。

松本　子どもたちもね、4月になったら「担任ガチャ」って言ってる。だから、発達障がいの子の人格形成がうまくできない原因の一つにやっぱり担任との関わりっていうのはあるよね。やっぱり、その思春期とか小学校時代、大人との関わりってすごく大事じゃないですか。そこでそういう風な目に遭ってしまったら、トラウマになってしまったり、大人を信じられない子になるっていうのは、見てて思う。うちの子は「大人は大人をかばう」って言っている。「先生はこの先生にこんなことされたって訴えても、その先生はそういうつもりでやったんじゃないよって言って、先生は先生をかばうから、学校の先生に訴えても無駄や」って。

平井　あるあるやね。

松本　先生が先生に「なんでこの子にこんなこと言ったん?」って注意しているのは、見たことないって。明らかにその先生がおかしいとわかった時点で、話を聞いてくれている先生は無言になるって。

芦田　一応無言にはなる。

松本　無言にはなる。でも怒らない。怒らないからかばってるって思うみたい。

6．私立高校の良さ

松本　下の子が受験する私立高校っていろいろな子を広く受け入れてる学校で、先生の間でネガティブな叱る言葉を一切言わない。そう聞いていて、私も見学に行った時に、おや？っていう子がいっぱいいて。オープンスクールの時に先生は生徒の後ろにいるんですよ。高校生たちが前に出て中学生を案内したり話したり、どうも会話の話聞いても話し方が特徴的やな、みたいな子がいっぱいいるけど、先生はニコニコしてみんなを見てくださっていた。先生に「うちの子ちょっと発達障がいで知的障がいもあるんですけど」って言ったら「来てください。勉強なんかできなくてもいいの、楽しかったらいいのよ。楽しく3年間通うのが大事よ」って。

平井　いいな、そういうの。でも、毎日1時間目から行かないといけないっていうところが全日制のハードル。

山本　公立は、入試の点数＋内申点で合否が決まるけど、私立は、テストの点数だけじゃなくて、生徒の特性も理解して、受け入れてくれるところが、ほんと増えたなと思う。

松本　下の子の友達がね、その高校に行ってるんだけど全然感覚過敏もすごくて、電車も苦手だったのに電車乗れるようになって、「その学校に行きたい。」っていう気持ちが勝って苦手を克服することができたって。

平井 見せてみようかな、1回。

松本 そこはね、先生が楽しそう。ニコニコしている。

芦田 卒業生はどういう進路？

松本 「企業ともパイプがあるから就職もありますよ。知的障がいの子でも指定校推薦を使って大学に行っている」って言ってた。

芦田 ただ、大学に入学できても卒業までできるかは、また別の問題。単に卒業を目指すだけやったら資格取らない大学のほうがいいかも。国家資格とかを狙っていくと、厳しくて途中で辞めないといけなくなるケースもある。

平井 うち3人とも大学行かないって言っている。

芦田 高校から就職したほうがうまくいくケースもあるからね。

平井 うちはもう就労移行支援を使うつもり。

松本 発達障がいとか知的障がいの子が普通の高校行くでしょ。就労するときに障がい者枠を使って行こうとしても受け入れてくれないときがある。普通の高校行っているから障がい者枠じゃなくてもいいでしょみたいな。

芦田 そんなことがあるんやね。

コラム④　子どもの声

うちの子が言ってたんだけど、自分のような子がたくさんいるっていうのを一般の人に知ってもらいたいって。距離が近いとか、しつこいとか、喋りすぎとかっていうのはわざとじゃないって。わざとじゃないし、自分で止めることもできないし、どれが適切かわからないって。それを注意されて悪いってのはわかるけど、じゃあどう直していいかわからない。わざとじゃないっていうのを、みんなに知ってほしい。

みんなは「考えたらわかるやろう」っていうかもしれないけど、何が悪いのか考えてもわからないんです。わざとじゃないってずっと言っている。教えてくださいみたいな。ごめんなさいって私、謝ってばっかり。最初ずっとごめんね、ごめんねって言ってて、みんなに謝らなくていいんやでって言われて、そしたらどういう時にごめんなさいって言っていいか、わかれへんから、とりあえず全部ごめんなさいって言う。

第5章

座談会を終えて

噂話をして集まっている鳥たち（ひまり　中2）

1. 矛盾に直面する経験としての子育て

保坂裕子

(1) 子どもに障がいがあるということ

子どもの発達過程において、関りの場は家庭から次第に学校、社会へと移行し広がっていきます。しかし子どもになんらかの障がいがあると、その移行に「待った」がかかってしまいます。それは、子ども自身の要請であり、親の要請であり、そしてなにより学校や社会の要請でもあります。その影響をもっとも大きく受けるのは、当の子ども自身であることは当然ながら、育児の主な担い手である母親でもあります。

子どもに障がいがあった場合、「当然」母親が世話をするものだと周囲も母親自身も考えます。『発達障害のある子育て』(広瀬：2021)では、「子どもを育てていく家族、特に母親の役割は重大です」(45頁)と明言されてさえいます。その「当然」のかげで母親は、仕事や趣味、夢など自分自身の望む生き方をあきらめ、それも自身が引き受けるべき「当然」と思い込んでしまいます。誰に何を言われても言われなくても、自責の念がその背景にあるのは間違いないでしょう。座談会でも幾度となく、「私のせいなの?」「自分を責めた」「自分がちゃんとできていなかった」など、母親である自分が気づいて、早く対応してあげるべきだった（のに、自分の力が及ばずできなかったから、子どもがつらい思いをしている）と自分を責める発言がみられました。気の置けない子育て仲間である座談会メンバーとのおしゃべりの場で、それぞれの子どもたちに手を焼いた話をざっくばらんに語るなかにも、こうして自責の念が見え隠れしているのです。母というのは、そういうものといってしまえばそれまでですが、やはり計り知れないプレッシャーとストレスが、母親にかかっていることは間違いないでしょう。日本とアメリカでＡＳＤの子どもを育てる母親を対象に行われた研究（ポーターら：２０２４）でも、日本の母親は自分が子どもを受け入れ、理解に努め、適切な支援を行う主たる担い手であるべきと認識していることが示されました。ケアの主体はこうして、「当然」のこととして母親が担うことになっているのです。

発達特性から、コミュニケーションが難しかったり、周りに合わせて行動することが困難であっても、ポジティヴな側面から特技を見出し、社会で活躍する人が増える一方で（そのこと自体はもちろん広く評価されるべきことであります）、そのかげで子どもを支える母の存在にはあまり目が向けられることはありません。「母親の支えは当然で、それがあってこそ子どもが輝く」という図式をわたしたちは知らず知らずのうちに自明視しているのではないでしょうか。このぼんやりとしたイメージは、子どもの障がいに自責の念を抱く母親をさらに追いつめることにもなりえます。母親が子どもの良いところを見つけて伸ばしてあげさえすれば、自立して生きていけるのに、それができないのは自分のせいではないか。こうして母親は、幾重にも子育てに縛られていくのです。

第2章のミニコラムにあるように、我が子に一所懸命であるがゆえに母親は、うまく対応できない自分への自責の念に苛まれ、子どもを拒否したり、子どもを責めるようにまでなってしまう。母親だって、人間です。第3章の16節において語られているように、「親にもサポートがあれば」と思わざるをえません。本書は、子育てに奮闘する母親の思いを、少しでも知ってもらうことで、個々に奮闘する親の連携が生まれること、またひとりぼっちだと思って孤軍奮闘するママに「ひとりじゃない」という声が伝わることを願って編まれました。

(2)「そうであること」と「そうではないこと」

発達障がいの子どもによくみられる特性については、最近ようやく徐々に知られるようになってきました。知っていれば気がついたことであったのに…気がつかなかった当時の自分を責める母親は、知識と経験を得た今であればわかることなのに、とやはり自分を責め続けます。はじめての子育てで比較する対象もなく、自分が気づいてあげられなかったために、適切な対応をすることができずにいたと内省してしまう。もしかしたら?という不安は、まわりの人々の「大丈夫よ!気にしすぎ!」ということばや、「この子に障がいがあるわけはない」「ちょっとゆっくりなだけで、そのうち追いつく」という自分自身の希望的観測によって、先送りされていく。

「ふつう」だったら、と定型発達の子どもであればそうであるはずのことを前提としてわが子と向き合うとき、常にそれが裏切られ続ける経験を、ずっとしてきたはずです。「ふつう」なら目をあわせるだろう、「ふつう」ならそろそろことばが出る頃だろう…けれどそれがことごとく裏切られ続ける。目の前のわが子の様子が、「ふつう」とは異なる状態であるという現状に、今はまだ期待する状態ではないけれど、いつかは逸脱した状態ではなくなるだろうという変容の可能性を手放すことができないというさまざまな葛藤経験を積み重ねていきます。そしてその葛藤は、いつのまにか心にイライラとして蓄積していく。どこにももっていきようのないイライラとして。

それは子どもたち自身も同じなのかもしれません。自分自身が経験している現状において「そうである自分」と、まわりの人に期待されている「そうであらなければならない自分」がずれ続ける経験は、母親と同様イライラとして蓄積することもあれば、不安をもたらすものとなることもあるでしょう。まわりからは、「おかしい」と認識され、いつも「どうして自分だけ？」と問わざるをえない。多くの発達障がいを生きる子どもたちは、いくら周りが「ありのままでいいよ」といっても、「ふつう」がいい、「ふつう」でありたい、と考えているのは、子どもたちが経験している葛藤が背景にあるのではないかと思うのです。

第1章のコラムにあるように、「ふつう」わかるだろうとされることが「わからない」ことは、不満や不安となり、解消しようとするけれど、うまくいかない。自らの理解、考え方と相手の考え方が常にずれ続ける現実をどうすればよいのか。自分とは異なる他者とのあいだで常にずれ続けるものであり、それをなんとか埋め合わせようとする試みこそがコミュニケーションの源であって、ちがうから、わからないからこそわかってもらいたい、わかってもらおうとすることにかわりはないのに、発達障がいを生きる子どもたちの経験するコミュニケーションのずれは常に、障がいをもつほうに不利に働き、変わろうとすることを強要してくるのです。「おかしい」「ずれてる」「ふつうそうはしはない」など、親や学校などの「ふつう」の基準が絶対的に強力な権力をもち、否応なくそれを押しつけられてしまいます。とくに生まれて間もない幼いころには、「まだわかっていない」「まだ学んでいない」未熟者であり、いまの状態からゆっくりと「そうではない」状態に変化、すなわち成長するのだろうという見通しを、手放したくない。とはいえ現実は「そうはならない」ということが、子どもと向き合えば向き合うほど、突きつけられ、わかってしまう。子どもたちにとっては現実と向き合えば向き合うほど、「そうでありたい、そうしたい」のに「そうはならない」という「葛藤」として迫ってくることになってしまいます。

（３）「母だからできる」と「母だからむずかしい」

子どもに向き合えば向き合うほど、「現実は厳しい」ということと向き合わざるを得なくなります。だからより一層、自分が何とかしなければ、と視野狭窄になってしまう。母だからこそできること、母でないとてもじゃないけどそんなに頑張れない、ということが多く語られています。同じ子を持つ親としては、つくづく頭が下がる思いです。ただし一方で、親じゃないからこそできることも、ここで語られています。よい相談相手との出会いや、親の会の仲間たちに支えられていることを、４人のママたちは語ってくれました。第三者の関わりが、孤立した孤独な子育てである「孤育て」から解放してくれています。

また、小学校でボランティアとして、支援の必要な子どもたちのサポートに入っている小川さんや松本さんが語る学校の様子は、第三者だからこそ見える事、わかることがあるということを示してくれます。もちろん、お二人が経験している子育てや背景知識も重要ですが、どうしてもわが子のこととなると近視眼的に見てしまうところを、自分の子どもでなければ少し距離を置き、別の角度から見ることができる可能性が示されています。教員不足の問題、もっとたくさんの教師が子どもを見守ることができる環境の必要性についての指摘ももっともですが、親でも教師でもない、第三者としてのおとなの関わりがいかに有用であるかがわかります。それぞれの立場による制約はさらなるもどかしい思い、葛藤をもたらしはするかもしれませんが、その協働が共有可能な世界を構築していくために欠かせないことは明らかです。座談会でみなさんが重要な点として指摘されているところでもあります。母親だからといってすべてができるわけではないし、むしろ母親がすべてを抱え込むべきではないということなのだと思います。

(4)「わかってほしい」と「わからない」

違うからそれでいいや、ではなく、違うから自分が合わせなければならない、でもない。コラム④で語られるように、まずは「知ってほしい」。自分のことも周りの人のこともわかりたいけど、わからない。周りの人にもわかってほしいけど、わかってもらえない。発達障がいを生きる子どもたちは、そんな葛藤を抱えているのです

さらに、上手く伝わらない、うまく理解されないという経験は、「自己肯定感」の低下にもつながります。今回参加いただいた4人のママたちのもとで育つ子どもたちは、間違いなく大切にされている。現実の社会を生きることはつらくて大変でも、自分を肯定できるのは、そんなママたちのおかげです。けれど、親ではどうにもカバーできない部分もあります。多くの若者が自己肯定感を持てずにいることが問題視されていますが、発達障がいがあるとなおさら、「できない」とされることも多く、実際「できない」という経験をどんどん重ねてしまっ

ています。さらに、家庭から外へ歩みを進めた時、「ちがう」「わからない」が一挙に差し迫ってくるのです。そしてうまく立ちまわれない、なんとなくずれる、よくわからないという経験は、失敗経験や無力感として蓄積されてしまいます。発達障がいがあってもなくても、「できない」経験は、自己肯定感をすり減らしていってしまいます。４人のママのお子さんたちが示してくれているように、「親」の力だけでは、必要条件は満たせても、充分条件には、残念ながらならないのです。親ではない第三者ができるだけ多く関わり、さまざまな「わかる」を経験し、学び、合せていく試みが、求められているのです。

（５）さまざまな「葛藤」とどう折り合いをつけるのか

発達障がいの子どもの子育てでは、子どもと正面から向き合い、それぞれの子どもの世界に寄り添う必要に迫られます。世にいう「ふつう」とは異なる「ふつう」がそこにあるからです。それをなんとか知ろうとする。そのためのコミュニケーションを重ねる必要があります。けれどそれは、言葉も文化もわからない外国にいきなりテレポートしたように、「？」に囲まれ、とっても疲れる。自分と同じ「ふつう」が通じない子どもと正面から向き合い続けることは、やはり大変なことなのです。一方で、当の子どもたちだって同じ経験をしているとも言えます。自分の「ふつう」とは異なる「ふつう」に囲まれて、常に自分とは「ちがう」ものと直面する毎日は、とっても疲れるはずです。

お母さんも子どもたちも、毎日その「ちがい」を楽しむことができないほど、疲れ切っているのかもしれません。大切だからこそ、知りたい、わかりたい、理解したい、なんとかしたい、と互いが正面からぶつかり合い、見つめあうほど、それはにらみ合いになってしまい、挙句、双方がイライラする。互いを大切に思う気持ちが、いつのまにか見えなくなってしまっているのかもしれません。

「ちがい」に晒されて疲れてしまったときには、互いの視線を敢えて少しずらしてみるのもひとつの方法かもしれません。わたしたちはコミュニケーションのずれを埋めようとするとき、なんとか互いに正面から向かい合い、ずれを埋め合わせようとします。けれど、そもそもコミュニケーションの前提には、互いがずれていることが内包されています。そこからスタートして、なんとなくゆるやかに互いの世界を学習し、関係の編み直しを試みる。その学習は、子どものことばの獲得においてやまだ（2010）が指摘するように、向かい合う関係のなかではなく、隣に並び同じものを見つめる「うたう関係」のなかで実現するのかもしれません。とはいえ、発達障がいを生きる子どもたちにとっては、それが困難であることが、座談会で語られました。同じものに目を向け、注意、関心を向けるという共同注意が困難で、指さした先を見ることが難しいため、「あれとってきて」が伝わりにくい。そのような障がいとして語られてはいますので、そこに発達障がいの子ども育ての困難の種のひとつがあるともいえるでしょう。

このように、子どもとしっかり真正面から向き合うことも大切ですが、たまには横に並んで、子どもの見ている世界を共有しながら、ともに現実の編み直しをゆっくりとしてみるのもよいのかもしれません。それを周りの人たちとできたら。そもそもわたしたちの生きる現実は、正面切って突き詰めてしまうと、つじつまが合わない矛盾だらけです。「そうであること」と「そうでないこと」が平気で共存している。そんなごまかしに、正面から挑んでしまっているのが、発達障がいを生きる子どもたちの現実なのではないかと思うことがあります。だとすると、互いの見ている世界をまずは並んで見つめてみて、共有できるところを少しずつ見つけていくと、互いが新たな視点を手に入れることができるのかもしれません。わたしたちが「ふつう」と思っていることの押しつけは、子どもたちにとってはきっと、理不尽極まりないことなのだと思うのです。

（６）やっぱり求められる「多様なつながり」

子どももたちもそれぞれに、自身の「世界」を編み直していきます。親はその一番の理解者でありつつも、近すぎて難しいこともある。親自身も、これまで創り上げてきた「世界」を編み直さなければならない。それは、自分の足元を崩していくような、危うい経験であることも事実です。そもそも、個人としての母親に還元すること自体に異を唱える必要もあるでしょう（トロント：2020）。母親のみが子どもの成長を下支えすることを自明視する風潮はさておき、母親が子育てのなかで、このようなつらい苦しい経験をすることを支え、共感してくれるのは、同じ経験をした親たちであり、「親の会」だったわけです。

発達障がいの子育てをする母親を対象とした生活困難について調査した山下・河野（2013）は、母親の生活上の問題として、〈障害児の言動による生活の混乱〉、〈子育てモデルがなく、試行錯誤している状況〉、〈支援環境との物理的・心理的距離感〉、〈良好ではない周囲との関係性〉、〈日常的に生じる心理的負担感や葛藤〉の五つの概念的カテゴリーを見出しています。多くの母親がこのように困難を抱えているにもかかわらず、支援の手はなかなかケア主体である母親に届くことはないのが現状です。山下（2021）が指摘するように、「発達障害者支援法では家族支援が明記されているにもかかわらず、家族を独自に対象とする施策はほとんどみられない」（45頁）のが実情なのです。

思い描いた子育てとは違うという経験は、いわゆる「定型発達」の子育てからは想像し難いものかもしれませんが、同じように「非定型」の子育てを経験する母親たちにとっては「あるある」です。欠けているのは、支援してくれる場だけではなく、それを「そうだよね」「あるあるだよね」と笑ってしまえる場でもあるのではないでしょうか。子どもの障がいをそれとして受け入れるには、同じ経験を分かち合える友人（コミュニティ）が大きな役割を果たすことも指摘されています（武藤ら：２００８、松井ら：２０１６など）。実際、親の会で出会った今回のママたちも、「語れる場」をもっていたことが大きな支えとなったと教えてくれました。

子どもの障がいを理解し、受容していくプロセスのスタートは、「告知」です。説明やアドバイスが丁寧になされるかどうかが、まずは大きなカギを握るといわれています（山根：２０１１）。医師や専門家からどのようなものとして理解すべきかが示され、納得することはできなくても、なんとか理解をする。あるいは、しようと努力するしかない立場に立たされるとも言えます。さらには、子ども自身にどのように告知をするのか、そもそも知らせるべきか否か。正解がない問いを、母親たちは自分自身に問い続けることになります。知識として理解し頭ではわかっていても、感情がついていかず、目の前の子どもにイライラすることもあるでしょう。この座談会のなかでも、平井さんが子どもにイライラしたと語るエピソードを、小川さんがおもしろがる場面がありました。「おもしろいね」といわれ、「おもしろくないけど、おもしろいけど」と応えた平井さんは、小川さんが差し出してくれた第三者から見た別の視点を、「それが思えるようになったの、最近」と受け取ります。ひとりで向き合っていては越えられない、抜け出せない「頭ではわかっているけどイライラする感情を止められない」という葛藤を、仲間の手を取ることでひとつずつ、越えていく経験であったのでしょう。全力で子どもと向き合い、自分自身と向き合う母親が、仲間と少しずつでも経験を分かち合い、積み重ねることで、これまでとは違う景色がみえてくることもあるでしょう。具体的な生活のなかでの「あるある」を共有する経験を経て、初めて別の背景に子どもを位置づけ直してみることができるのかもしれません。

(7) それでもやはり尽きることのない親の悩み

親は、いまを生きる子どもの生活を支えるとともに、将来を考えずにはいられません。親が亡き後、生きていくことができるのか。衣食住が満たされるという意味では、福祉サービスにさらなる充実を期待したいところです。一方で、子どもたち自身が自らの人生を生きる、ということについて、両義的な葛藤が見え隠れしているように思います。たとえば、家でできないことが外でできる子どもたちの姿を知る。できるならうちでもやってほしいのは親心でもありながら、外ではがんばっている子どもを認めてあげたいのも親心です。さらに、家と外では違う子どもの姿を受け入れることも求められる場面が、少しずつ増えていくのでしょう。東村（2012）は、障がいのある子どもをもつ母親による子どもの就労と自立についての語りを分析し、そこにさまざまなゆらぎとずれを見出し、子どもの自立に際しての矛盾する気持ちの表れを指摘しています。座談会で結婚について話すなかにも、「相手に迷惑がかかる」や「子育てなんてできない」が「みえて」しまっている一方、座談会後にあるママが「彼女ができたらしい」と少し嬉しそうに語ってくれたように見えたのは私だけではないはずです。うれしい成長も、手放しで喜べないのも切ないところです。

障がい者の自立について熊谷（２０１６）は、それを妨げる要因に依存先の狭さを挙げています。人は誰しも一人では生きていけず、何らかのかたちで誰かに頼ることで「自立」するのにもかかわらず、なんらかの障がいをもつ人においては、その頼り先が限られてしまうのです。自立とは、依存先を増やすこと。頼り先が多様にありさえすれば、自立の可能性は高まります。自己責任や社会的自立を語るためには、頼る先を「母親」に押し付けている社会の在り方自体を問い直すことが求められているということです。

座談会のママたちが療育の重要性を、すぐに何かができるようになることを求めるというより、子どもが将来、人に「頼る」ことを経験として学ばせてくれることに意義を見出しておられました。これはまさに、自立の第一歩ともいえるでしょう。ひとりでできることを「自立」とするのではなく、困ったときには誰に頼ればよいのかを理解し、きちんと頼ることができることを「自立」とすることができれば、ママたちの負担も不安もずいぶん低減されるのではないでしょうか。

ダイバーシティが謳われる現代において、多様であることが個に還元され、さらには、だから「個々で責任もってね、それぞれだから」では、多様性を認めともに生きる社会までは遠いな、と思わざるを得ません。違うからこそわかろうとする、知ろうとする、知ってもらおうとする。本書が、そのための一助となることを信じています。

【引用文献】

・東村知子（２０１２）「母親が語る障害のある人々の就労と自立：語りの形式とずれの分析」『質的心理学研究』11（1），１３６－１５６
・広瀬宏之（２０２１）『発達障害のある子育て―家族で支える　家族を支える』（岩崎学術出版社）
・熊谷晋一郎（２０１６）「基調講演 自立とは依存先を増やすこと、希望とは絶望を分かち合うこと」『祈りと救いの臨床』38－50
・松井藍子・大河内彩子・田高悦子・有本梓・白谷佳恵（２０１６）「発達障害児を持つ親の会に属する母親が子育てにおける前向きな感情を獲得する過程」『日本地域看護学会誌』19（2），75－81
・武藤葉子・池田友美・圓尾奈津美・郷間英世（２００８）「軽度発達障害をもつ子の母親の「わが子の障害」のとらえ方：子育てについての「語り」を通して」『教育実践総合センター研究紀要』17，59－66
・Porter,N, Loveland, K.A., Honda, H. & Yamane, T.(2024)"What is a good mother of children with Autism? A cross-cultural comparison between the U.S. and Japan", Journal of Autism and Development Disorders.
・トロント，Ｊ．Ｃ．（２０１３／２０２０）『ケアするのは誰か？：新しい民主主義のかたちへ』白澤社
・山下亜紀子（２０２１）「家族によるケアと地域の共同性：高齢者、子ども、障害児ケアから」『社会分析』48，31－46
・山下亜紀子・河野次郎（２０１３）「発達障害児の母親が抱える生活困難についての研究」『日本社会精神医学会雑誌』22，２４１－２５４

・やまだようこ（２０１０）『ことばの前のことば』新曜社
・山根隆宏（２０１１）「高機能広汎性発達障害をもつ母親の診断告知時の感情体験と関連要因」『特殊教育研究』48（５），３５１－３６０
・山根隆宏（２０１２）「高機能広汎性発達障害児・者をもつ母親における子どもの障害の意味づけ：人生への意味づけと障害の捉え方との関連」『発達心理学研究』23（２），１４５－１５７

２．理解しようとすること

芦田麗子

（１）子育ての責任と困難さ

子どもの権利条約や児童福祉法にも明記されている通り、子育ての第一義的責任が保護者にあることに異論はありません。一方で、児童福祉法の第３条第３項に規定されている国及び地方公共団体の子どもに対する育成責任が果たされているかどうかの確認は必要でしょう。少子化が社会問題であるから、社会が子育て支援を行う必要があるという主張もありますが、そうであれば子どもの数が増えれば支援をしなくても良いということになります。子どもの数が少なくても多くても、生まれてくる子どもたちは、生まれてくるタイミングも場所も選ぶことができません。だからこそ、どの子どもも健やかに育つことができるように、国や地方公共団体は子育て支援を行わなければなりません。今回の座談会でも明らかになりましたが、特に何かしらの障がいがある子どもの場合、子育ての困難さは格段に上がります。

子育ての困難さを示す言葉に「子育て罰」があります。これは、社会のあらゆる場面で、まるで子育てすること自体に罰を与えるかのような政治、制度、社会慣行、人々の意識のことをさします（桜井：2021）。なぜ子育てが、結果として、罰を与えてしまうような状況に陥るのでしょうか。それは、子育てという営みが自己責任として扱われているからでしょう。

発達障害児を育てる親たちも自分たちで何とかしようとしています。座談会の中で、松本さんが福祉サービスを受けることにすごく抵抗があったこと、親として福祉とかに頼ることは、子どもを産んではいけないのに生んでしまったっていうのに繋がるんじゃないかと悩んだことがあると話してくださいました。ご本人もすごく極端な考えであることを意識しながらも、人に、行政に頼ること自体が親として失格のように思ってしまうことがあったと言います。まさに「子育て罰」を受けている状況でしょう。その発言に対して、小川さんがそういう人がいっぱいいること、やることをきちんとやってみて無理だった時のために福祉があることを訴えます（第2章7）。

す。

（２）社会福祉の役割と自己責任論

小川さんが言う通り、社会福祉は自分の力で生きていくことが困難になった時に、生きていくことができるように用意された制度・サービスのことで、私たちは必要に応じてそれを使う権利があります。困った人のためのものではなく、誰もが困った時に使えるものなのです。

私たちは、障がいのあるなしに関わらず、生きていくことが困難になる可能性はゼロではありません。しかし、「自己責任論」が根強い状況では、どのような状況に置かれても自分や家族の力のみで生きていかなければならないと思い込まされてしまっているのです。

私はこれまでＤＶ被害女性やシングルマザーの支援に取り組んできましたが、彼女たちもまた自分で何とかしようとしてきました。それでも限界がきて、「助けて」と言っても相手にされなかったり、最初だけ関わるだけで途中から手を離されたり、援助者から責められることなどを経験して、ますます「助けて」と言えない状況が作りだされていることがわかりました（シンママ大阪応援団：２０１７）。

大谷（２０２０）も、何かあっても自分と家族で何とかしようとすること、社会も組織も信じられなくなったら自分を頼るしかないこと、そうすると自己責任に帰着することを指摘しています。

しかし、人間は自己責任だけでは生きていけません。「お互い様」「持ちつもたれつ」という言葉があるように、支えあって生きています。だからこそ、誰もが困ったら「助けて」と言え、必要な制度やサービスを利用することができる社会を目指すべきなのです。

松本さんが「自己責任論」から、抜け出すことができたのは、同じ立場で話をすることができる親の会の存在だと言っています（第2章8）。あくまでも個人の感想にすぎませんが、この3回にわたる座談会において、4人のママたちが、それぞれの感情や情報・出来事などを共有する中で、エンパワメントしていくように見えました。

児童精神科医の高橋（2023）は、療育の役割について、子どもの発達支援と親の子育て支援はセットであり、大事なこととして「障害のある子のいる親同士の仲間づくり」を挙げています。「仲間と出会うことで、共通の悩みや喜びが見つかる。自分自身がとても癒されたり、勇気づけられたりしていく」と言います。

また、ママたちは子どもの将来、亡き後の子どもの生活を心配されています。どのような福祉サービスがあるかもわからないことがその一つの理由です（第2章6）。障がい児者のための社会福祉サービスは全国一律ではないため、どのようなサービスが使えるのかが非常にわかりにくく、利用しにくい状況にあります。また、申請主義のため、まず自分の子どもに障がいがあることを認め、利用できるサービスやそれを利用するための窓口を調べ、相談し、手続きを行う必要があります。それでも、必要としているサービスに結び付くとは限らないのですから、不安になるのは当然のことでしょう。

川邊ら（２０２２）が、発達障がい児の保護者に実施したアンケート調査から、支援について保護者が中心となって情報を収集すること、情報を得たとしても様々な手続きを担うことの負担感が大きいことから、ワンストップサービスの充実をニーズとしてあげています。

松本さんや小川さんだけではなく、少なくない保護者が必要な支援に結び付くまでに負担を感じていることがわかります。子どもたちは日に日に成長します。その子のタイミングに合った支援を受けることができたら、子どもたちの生きづらさが幾分かでも解消されることでしょう。

実際、平井さんは悠人君が４歳から、療育に通ったことで、人の言うことやお友達の意見も聞けるようになったというお話をされています。そして、最初のうちは変化を感じることができなかったようですが、初めの頃から今を振り返ると「やっててよかった」って思うことがいっぱいあったと語っています。（第４章１）。このことからも、適切な支援の重要性がわかります。また、陸斗君が幼少期から支援を受けたことで、どんな人が来ても「僕を助けてくれてるんだ」と思うことができ、支援を受けることに抵抗を感じていないようです。

（3）保護者への支援

平井さんが、自分自身のしんどい話を聞いてくれるところがなかなかなく、どうしても子ども中心になってしまうこと、自分の話を聞いてくれる人がいなかったら、壊れてしまう母親もいるのではないかと心配されています（第3章16）。支援者は子どものことについて話を聞くのは当然ではありますが、支援の対象は当事者だけではなくその家族も含みます。そのため、保護者自身の話を聞くことが支援になるのです。

川邊ら（2022）によると、「保護者自身の不安感を解消できる場の提供を望む声」（56頁）をニーズとしてあげています。「発達相談といった専門機関への相談とは別に、日常的でたわいのないことを気軽に相談できる場所、あるいはそういった悩みを共有できる場所、そして得られた情報をしっかりと保護者自身の知識とするための研鑽する為の機会の提供に関する記述が大多数を占めていた」（56頁）そうです。

不破ら（2023）の研究においても、「保護者の話を受容的に聞き、問題を一緒に考えることが重要であり、ST（言語聴覚士：芦田注）に相談してもらうこと、自身で無理に解決しようとしないと伝えることが保護者の安心感につながっているように感じられた」（118頁）と、言語聴覚士が保護者の話を受容的に聞くことによって、保護者のストレス改善の可能性を示唆しています。

平井さんは親の会に参加することで、ご自身でその場を見つけられましたが、そうできない人のことを虐待につながる可能性も含めて心配されています。小川さんは、そういう人にこそ親の会に参加してほしいと言いますが、松本さんは、心が病めば病むほどで出られないと参加できない人の気持ちを代弁します（第3章16）。

小川さんは、教育センターにおいて、ずっと同じ先生に担当してもらっており、妹のひまりちゃんが中学入学に伴い終了した後も、「もし、しんどいことあったら相談しにおいでお母さんだけでも」と声かけてくれることに対して「それはすごく楽ちん。知ってるし」と安心感を示しています（第3章16）。継続して同じ人が支援をすること、自分をよく知っている支援者の側から声をかけることで、当事者にとっては大きな安心感につながる可能性が示唆されています。障がいのある子どもを育てる母親のインタビューを行った奥野ら（２０２０）も、「社会的支援として、不安をかかえての子育てにおいて、支援者は養育者の気持ちに寄り添い丁寧なサポートが必要不可欠」（76頁）と提案しています。さらに、「母親も子どもも不安な中でも戸惑いながらなんとかしようとする母親の姿があり、同じように悩みを抱える母親同士で相談できることや、子どもが褒めてもらったり認めてもらったりするなどの教師や専門家の関りが母親の気持ちを安定させる」（76頁）と述べています。

（4）性教育

小川さんが「性教育を男の子も女の子もしとかんと」と発言されています。被害にあうかもしれないという意識が全くないため、体を触りたいがために近づいてくる人の存在を伝えたけど、本人がピンと来ないことを小川さんが心配されているからです（第1章11）。

木内ら（2012）は発達障がい児の性教育上の課題に関して、性的被害については、「他者意図、特に悪意について読み取る困難さを有するため、危険性もわからず知らない人について行ってしまうケースが想定される」（768頁）としており、さらに須賀（2020）の知的・発達障害特別支援学校・学級教員へのインタビュー調査において、特に高等部の生徒がデートDVや性被害にあっていること、しかし、それに気づいていない生徒がいることが明らかにされています（31頁）。これらのことからも、小川さんの心配は当然のことでしょう。

「グリ下」に集まる子どもの中に性産業で働いている18歳の女の子が出てきます。生計を立てるためには性産業で働くという選択肢しか見つけられなかったのでしょう（第1章7）。この女の子に発達障がいがあるかどうかはわかりませんが、おそらく未成年の時から、性産業で働いていたと推測できます。子どもにそのような選択をさせてしまう社会に大きな問題があるでしょう。本来、子どもは保護されるべき存在だからです。

性加害については、木内ら（2012）が、「今の社会情勢における性犯罪の状況の影響や発達障害の特徴である、対人コミュニケーションの問題から、本人の意図とは別に行動的側面から性犯罪の加害者と誤解されたり、もしくは、障害のため、自分のとった行動が性犯罪であると認識をしていない場合があると考えられる」（768頁）と指摘しています。

平井さんは、人にはパーソナルスペースがあるので、人の体に触れないこと、触れるときには合意が必要なことを子どもたちに伝えたと言います。このように保護者が子どもたちに具体的に伝えることによって、子どもたちが加害者になる可能性を低くすることができるのだと思います。

山本さんによると、支援学校で教育が行われているようですが、親も性教育を特性ある子どもにもわかりやすく伝える方法を学ぶ機会が必要かもと述べています。

２０２０年６月には、内閣府と文部科学省が連携して立ち上げた、性犯罪・性暴力対策強化のための関係府省会議において、「性犯罪・性暴力対策の強化の方針」が決定されました。これは子どもたちが性犯罪、性暴力の当事者にならないようにするためのものです。文部科学省のウェブサイトには「生命の安全教育教材」の資料がダウンロードできるようになっています。本来であれば、学校においても性教育をしてほしいところではありますが、家庭においても、この資料を用いることで、性教育が行いやすくなると思われます。

（5）理解しようとすること

第4章の扉のコラムには「自分のような子がたくさんいるっていうのを一般の人に知ってもらいたい」とお子さん自身が話しておられたことがまとめられています。何かしらの障がいを抱えている当事者たちは、周囲の人から理解されないことが多く、辛い思いをされている経験からの訴えだと捉えました。

障害児通園施設「ひまわり教室」を開設し、2011年3月まで代表をされていた徳田（2019）は「障害のある子が不幸なのは本人に機能障害があるからではなく、理解されずに生きていかなければならないからです。このことに、世の中の多くの人は気づいていません。障害のある子を不幸にしているのは自分たちなのに『障害児の不幸の原因は、その子自身の中にある』と思い込んでいます（99頁－100頁）」と語っています。障がいのある子が不幸にしているのは自分たちと言われるのは心外だと思う方もいらっしゃるかもしれません。しかし、あえてこの言葉に従って考えたいと思います。

そもそも人が人を理解するということは、障がいのあるなしに関わらず、簡単なことではありません。特に発達障がいは比較的新しい概念のため、より理解しにくいところがあるかもしれません。それでも、人と人が関係を作っていくためには、まずは相手を理解しようとする姿勢が必要なのだと考えます。

では、どのように理解したら良いかという時、徳田（２０１９）の次の語りが参考になるでしょう。「人が人を理解することは、ものすごく難しいことです。私が私の勝手な枠組みで理解するのではなく、相手が理解してほしいと思っているように理解する。これは至難のことです。それだけに人を理解しようとする時、自分がどのような気持ちであるかについてより自覚的であることが求められます」（72頁）。

相手の立場に立って理解するということは社会福祉の分野において「利用者本位」と言われ、当然のこととされていますが、常に自覚しておかないと自分本位の支援になってしまいがちです。また、自覚していたからといって、相手本位の理解ができているとは限りません。この非常に難しいことを教育者や支援者には求められているということを忘れずにいる必要があります。

また山本さんが〈告知について〉の中で、「この障がいは治るものではないけど、周りの環境が本人に合えば、特性が目立たなくなるなと感じます」と語っておられます。やはり、周囲の人たちの理解はとても大切だということでしょう。

【参考文献】

・伊井勇（２０２２）「放課後等デイサービスの発達支援に関する論点と課題：小学校に在籍する発達障害のある子どもの発達支援に着目した検討」『立命館産業社会論集』57（4），１０３‐１２２

・大谷京子（2020）「人に価値はあるか―社会福祉への挑戦―」公益財団法人鉄道弘済会『社会福祉研究』137，84－89
・金山佐喜子（2022）「発達障害のある子どもの育ちを支える理解と支援のあり方―家庭・保護者との連携協力に着目して」『天理大学教職教育研究』5，123－129
・川邊浩史・高元宗一郎・津上佳奈美・清水健司（2022）「幼児教育・保育で取り組む発達障害児の保護者支援（第2報）－発達障害児の保護者アンケートから」『西九州大学短期大学部紀要』52，50－58
・木内豊和・中島育美（2012）「発達障害児等の性教育に関する養護教諭の意識」『小児保健研究』第71巻第5号763－772
・シンママ大阪応援団編・芦田麗子監修（2017）『シングルマザーをひとりぼっちにしないために』日本機関紙出版センター
・末富芳・桜井啓太（2021）『子育て罰』光文社
・須賀朋子（2020）「知的障害や発達障害をもつ高校生へのドメスティック・バイオレンス（DV）予防教育の挑戦」『日本セーフティプロモーション学会誌』Vol13（2）26－32
・須賀朋子（2021）「生命の安全教育の大切さ：知的・発達障害をもつ中学生に焦点をあてて」『日本セーフティプロモーション学会誌』Vol14（2）10－15
・高橋脩（2023）『発達障害児と家族の支援』日本評論社
・徳田茂（2019）『共に生き、共に育つ』ミネルヴァ書房
・不破真也・森尚彫・川江清子（2023）「発達障害が疑われる一例からみた発達障害児支援における言語聴覚士の役割」保健医療学雑誌14巻2号114－121

おわりに

私は子ども家庭福祉が専門と言いながら、これまで障がいのある子どもたちが育つ環境に無関心であったように思います。あるとき、小川さんからアドバイスしてほしいと頼まれ、発達障がいのある子どもを育てるママたちの集まりにお邪魔させてもらい、子どもを育てる難しさ・支援の少なさを聞かせていただきました。その時、私の知識不足も手伝って、初めて聴くことが多く衝撃を受けました。だからこそまずは知ってもらうこと、その上で、どうやって支援をしていくかを考え作り出していくことが大事だと思い、座談会を開きその内容を本にすることをその場で提案し、快諾していただきました。

ママたちにご快諾いただいたものの私ひとりで受け止められる自信がなく、生涯発達心理学の研究者である保坂裕子さんにも参加していただき、小川さん、平井さん、松本さん、山本さんと私の6人で座談会を開催することができました。座談会では、子育ての実際や思いを赤裸々に語っていただきました。お忙しい中、お時間を作っていただき、さまざまな出来事や気持ちを語ること、本にするために原稿を確認していただいたことは、簡単なことではなかったと思います。それでも語っていただき、作業していただくことができたのは、子どもたちが少しでも生きていきやすい社会を作りたいと思う気持ちからだと思います。本書では個人を特定されないための加工はしてありますが、発達障がいのある子どもたちを育てるママさんたちのさまざまなリアルをお伝えできる内容になっているのではないかと思います。

子育てを社会的責任として引き受ける子育て社会を、全ての子どもが生まれてきた良かったと思えるような一人ひとりが大切にされる社会を、作っていきたいと思っています。本書がその一助となれば幸いです。

私の作業が遅く、最初の座談会から、2年以上が経過してしまいました。出版社の丸尾忠義さんには大変なご迷惑をおかけし、申し訳ない気持ちと感謝の気持ちでいっぱいです。また座談会に参加してくださったママたちをはじめ、共同編集の保坂さん、ステキな絵を提供してくれた子どもたち、表紙のデザインをしてくださった瀬川慶太郎さん、感想や意見をくださった方々の協力を得て、やっと形にすることができました。ご協力をいただいた皆様には感謝しかありません。

最後になりましたが、この本をお読みいただきました読者の皆様にも御礼申し上げます。

芦田麗子

【編著者紹介】

芦田　麗子（あしだ　れいこ）

1973年大阪に生まれる。龍谷大学大学院修了。修士（社会福祉学）。大阪大学大学院人間科学研究科博士後期課程単位取得満期退学。社会福祉士。保育士。専門は子ども家庭福祉。主な著書は『シングルマザーをひとりぼっちにしないために』（日本機関紙出版センター）。

保坂　裕子（ほさか　ゆうこ）

1974年大阪に生まれる。兵庫県立大学環境人間学部・准教授。大阪教育大学大学院修了。修士（学校教育）。京都大学大学院教育学研究科博士後期課程単位取得満期退学。専門は生涯発達心理学。主な著書は『多様な人生のかたちに迫る発達心理学』（ナカニシヤ出版）。

わが子は発達障がい　悩めるママたちの本音のホンネ

2025年 3月20日　初版第1刷発行

編著者　芦田麗子　保坂裕子
発行者　坂手崇保
発行所　日本機関紙出版センター
〒553-0006　大阪市福島区吉野3-2-35
TEL 06-6465-1254　FAX 06-6465-1255
http://kikanshi-book.com/　hon@nike.eonet.ne.jp
本文組版　Third
編集　丸尾忠義
印刷・製本　（株）シナノパブリッシングプレス

ISBN 978-4-88900-336-9